历史人类学
小·丛·书

Pocket Series
of Historical
Anthropology

以山为业

东南山场的界址争讼与确权

杜正贞 著

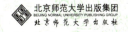

北京师范大学出版集团
BEIJING NORMAL UNIVERSITY PUBLISHING GROUP
北京师范大学出版社

作者简介

杜正贞，香港中文大学博士，现为浙江大学历史学院教授、博士生导师。专业方向社会史、法律史，研究兴趣涉及基层社会、法律、习俗和民间信仰等。著有《村社传统与明清士绅：山西泽州乡土社会的制度变迁》《近代山区社会的习惯、契约和权利：龙泉司法档案的社会史研究》等。

内容简介

古代的文人、画家常常对山林寄托以出离尘嚣缰锁、比邻烟霞仙圣的想象，但现实中的山耕、山居，是另外一部历史。"以山为业"一方面是说人们以山场为生计资源，另一方面也是在说人们围绕着山场资源形成各种权利关系，这些权利关系，在传统中国通常被笼统称为"业"。

唐宋以来，东南山场被加速开发。从最初的"无主"状态，即山场上的所有资源对所有人都开放，到山场被现代测量手段精细测量划界、人们以各种权利证明对山场中的特定资源和各种权利进行确权，是一个漫长的历史过程。"界"的出现，是这个过程中关键性的一步。"界"是山场确权中的一个核心概念，它也是山区的人们在"以山为业"的实践中，逐渐创制并明确的一套有关山场的知识。

目　录

引 言

1930 年 1 月 13 日，任职于浙江省建德县（今建德市）统捐局的安徽桐城人方琦（梅庵）向建德县县长告状①。据他说，自己早年即响应当地政府种植森林的倡议，在民国十七年（1928）春正式向县政府承买了位于东乡杨家庄的一处官山，整个承买程序的档案卷宗历历可查。

方琦在承买官山的申请书中说：

    民素报实业主义，当民国七八年间即蒙张前知事良楷面谕提倡，即经在于杨家庄地方调查得无主官山数十亩，圈收入户，先后种植松树，为数不计……惟是山虽管有，税尚虚悬，图免日后之纠纷，宜谋产权之确定，自应查照承买官荒条例，报请勘查，估价给照，俾裕赋课而保永久，为此照绘山图，注明土名亩分，备书呈请，仰祈钧府鉴核，派员勘查饬估，仍赐转呈定案，须照执业，毋任企感。

申请书写得入情入理，也说明了承买官山的完整程序。经过田赋征收主任查勘、绘图、定价、山邻保证等程序，承买申请上报至浙江省财政厅。省财政厅重新核定山价，其间两次要求重新绘图。最后，在1928年9月9日颁发给承买执照。执照上盖着"浙江省政府财政厅印"的大红章，明明白白地写着：

方梅庵承买坐落建德县东乡杨家庄（土名）徐回坞、塘吼垅地方官有官产山地……计开四至：东至徐家塘，西至山降，南至山路眠羊里，北至黄山杉树湾。面积东西共⋯⋯(空白，加印"详细丈尺粘载图中")△△顷三十亩一分△厘，每亩价银二元一角，共计价银六十三元二角一分。

这样一张官颁执照看起来已经确凿地证明了"产权之确定"。但是过了不到两年，因为要土地陈报②，方琦惊讶地发现掌管该庄地籍簿册的册书朱逊德已将前项官山③归入蔡姓、陈姓、郑姓等名下。

朱逊德是建德县城人士，家里世代掌管着东乡杨家庄的庄册，负责这个庄的钱粮国课和田土推收等一应事务。进入民国，他们在新政府里有了一个新名号，叫"清理书"，但其实职权并没有变。百姓缴纳税粮、过割产业都还在他们手上去做。1928 年 7 月，老朱册书身故，朱逊德就从父亲手里承当了这份职业。不承想才过了一年余，他就被这个名叫方琦的外乡人以"私相授受"的罪名，告到了县长那里。

朱逊德的呈报也说得很有理据。他说，方琦曾拿着执照和山图到他那里要求登记，但是他查了自己手上的底册，发现财政厅执照中写明的四至范围内的山林面积，超出其上登记数字数倍。而且这些山并不是无主荒山，均系有人完粮之产。内计："汪守芝一户山八亩八分，完粮壹钱三分二厘，系民国九年间奉前知事张谕饬，查明晰收；又陈凤林山七亩，完粮一钱五厘；陈兆余山三十四亩，完粮五钱一分，是十五、十六年间，凭各户老册晰收；又蔡汝标山十七亩三分，完粮二钱六分；胡德富山二亩五分，完粮三分八厘，由该户出立认字，认承开垦完粮，晰收过户。"一笔一笔，清清楚楚。

那么，这些山到底是有主的"完粮之产"，还是"无主官山"？1928年方琦承买官山的卷宗里保存了申请承买时再三查勘、绘图的档案，为什么彼时没有发现山主？册书手上的庄册和由省财政厅签发的执照，到底哪个才是更过硬的管业凭证？

其时主政建德县的蒋县长传集两方对簿公堂。出现在县政府堂上的，除了方琦、朱逊德两人外，还有庄册上登记的上述山产的"主人"，他们对自己的管业来历都言之凿凿：

问陈顺桃　你今年几岁？

答　四十一岁。

问　你系什么地方人？

答　本地下唐人。

问　你作何事业？

答　务农。

问　小坞的山你有多少税呢？

答　是民外婆家遗下的坟山，土名徐湾坞，计税五分，民家经管数十年了。

问陈凤林

答　民叫陈朝贵，凤林是民父。

问　你今年几岁？

答　三十八岁。

问　你是何职业？

答　务农。

问　你住何处？

答　住在郑家垄。

问　你的山究竟什么字号？

答　民的山坐落八百七十一号，土名火烧山，计税七亩，内有二分送王姓做坟的。

问　这块山已经方姓买去承管，你应该晓得吗？

答　方姓并没有来管过，我也不晓得。

问郑福培

答　福培是我娘舅，民叫方锡韩。

问　你今年几岁？

答　四十六岁。

问　你是何处人？

答　仙居人。

问　你住何处？

答　住小里埠。

问　你作何事业？

答　务农。

问　徐家塘的山你有多少？

答　计有十余亩。我娘舅还有几亩地，都由我还粮的。每岁下半年，他有姑伯兄弟来此一次。

问陈大森

答　大森是民父，我叫兆馀。

问　你今年几岁？

答　三十八岁。

问　你住哪里?

答　住小里埠。

问　你什么职业?

答　务农。

问　小坞的山你究竟有多少?

答　小坞即塘海垄,民有十余亩山,还是洪杨前管起。今呈上老册一本,请阅。现在方姓又写一张契送我,请看。

问蔡德松　你今年几岁?

答　二十三岁。

问　你住何处?

答　住郑家垄。

问　你做什么职业?

答　务农。

问　你有几亩山，究竟坐落于何处？

答　冀为坞有六亩多山，塘海垄有九亩山，塘海垄外面有二亩山。曩时张知事提倡森林，民国七八年间发贴布告，无论官荒私荒，都准农民垦植森林。至民国十四年由先父手晰收户册是实。

三月十四日供单

这些人与方琦、朱逊德不同，他们是真正在山里生活的人，是管山的人。在他们的观念中，山产或是祖传（尤其是坟山），或得自亲友的赠予或托管，或有着长期实际占管以及承粮登记的事实等，这些都是拥有山场权利最重要的证据。

从这些"山主"的供词中，我们也很容易发现，这些山场"有主"的历史其实很短。在民国时期陆陆续续到册书朱逊德那里"晰册"（承粮）之前，他们管有这片山的确切时间也都不清不楚。其中只有一个人提到一个含糊的时间点"洪杨前",即太平天国运动影响这里之前。在建德,大量山场失管、无主的状态,的确与太平天国运动造成的影响有很大关系。太平天国运动之前的情况已经很难追述,而此后这些一度失管、无主的山场又是怎样被重新占有、重新确权的呢?

在清代的制度下,一般的程序是:人们向县衙提出申请,县衙责成册书进行调查,如果确为无主之山,即报告县衙,由县衙出具执照,业主凭执照回到册书那里登记入册,从此开始每年交纳税赋。在这个程序中,册书的晰册本来只是一个中间环节,但是由于赋税征收由册书把持,人们往往绕过县衙这一层级,直接在册书那里登记、交税。换言之,大量山产已经有山主缴纳赋税,但是在县衙门里却可能完全没有登记。太平天国运动之后,这种情况更加普遍。正如朱逊德在具呈中所说,它成为一种在国家制度之外的"习惯"。

方琦(梅庵)是一名外乡来的地方公职人员,他挑战了当地庄册的"习惯"和旧的山场占有方式。他的"武器"是1914年7月31日颁布的《官产处分条例》:"迨民三以后迄于今,兹凡无人承粮之产,国家为收入起见,一律划在官产范围,必须经过国家处分价卖给照,方可取得产权。"根据此条例,以报荒承粮获得"产权"的制度,被新的官产承买制度所代替。正如他在呈状中所说:"对于册书职权论,民三以后,清理官产条例未奉废除。凡遇荒山荒地,只有官厅处分,毋再准民间报荒升科理,今册书为蔡、陈等姓晰收,而时间又明明注民十四年之后,此项晰收显于条例抵触,当然根本取消。"《官产处分条例》对官产的处分分为三种形式:一变卖、二租佃、三垦荒,并且在第十八条规定"以前私垦之官荒自本条例施行后应补缴荒价,照章升科。"④换言之,人们在报荒升科之前,需履行承买的环节,才能获得产权。这在产权获得方式上是一个很大的变化。

在这场纠纷中，方琦正是利用了这条新的法律。在被问及承买时为什么没有到册书那里查询时，他说："我们查不来的。"后来，他这样解释"查不来"的含义：

> 无主之产，册书利在民间收付，于官卖非其所愿，盖一公一私绝不相容者也。承买官产而曰必先查庄册，是犹夺食于虎口……民间同一出钱，恐将乐于册书私人之拨付，又何事报官勘查，缴价请照，作种种麻烦之手续乎。

方琦指责说，册书所言私晰"习惯"不过是当地人规避国家制度的方法。而他自己何尝不是在刻意回避于己不利的地方习惯呢？1928年方琦承买荒山的一系列程序中，负责此事的田赋征收主任和作为上级最终核审机关的浙江省财政厅，也都没有要求其向册书核实官荒。这种对旧习惯和地方制度的漠视，也许源自民国新政权对册书以及他们所代表的那一套旧体制的反感，但这种漠视显然于清理山场产权的目标并无补益。

这场山产纠纷距今仅仅百年，它凸显了官产承买制度和以承粮纳税获得管业权的旧制度的差异，并且生动再现了在民国推行山林国有化和地籍整理的大背景下，地方上各类人群如何应对和利用这种制度的转换。当然，其中包含的新旧制度的差异还不止于此。例如，为什么在财政厅给出的执照上，这片山的面积是"东西共△△顷三十亩一分△厘"，但是朱逊德却说四至之内的面积超出此数数倍？两个数据分别是如何得来的？又例如，为什么执照上只标有山场土名、四至，而朱德逊的庄册中，每一块山都有一个或数个字号？同时代的人们对同一片山的认识和记录为何有这样的不同？这种对山场的认识（知识）是如何产生的？等等。

从这个个案出发，在历史的维度上，还有很多问题值得我们探究：这片山场的权属之争是第一次发生吗？这些山是什么时候开始有了第一任的主人？在太平天国运动之前，在明代或者更早的时代，当地人是怎样利用、管理这些山场的？他们怎样确权？人们以山为业的故事到底该从何时开始讲起呢？⑤

注　释

①　该案的所有资料均来自《建德县府办理方琦承买官产纠葛文卷》(1928—1930)，浙江省建德市档案馆藏，卷宗号 1808 /7 /14，下文中不再一一标注。

②　1929 年，南京国民政府为了财政需要，开始推行"土地陈报"，试图以业主自动申报的方式，调查地籍，确定地权。浙江是率先开始试点的省份，也是被诟病最多的省份。"惟此种陈报工作，其土地既未经正式测量，亦未经依法估价；虽发管业执照，而无绝对效力，故经办土地陈报之区，仍须再办地籍整理，浪费人力财力，固毋论已；而病民扰民，犹复时有所闻。"诸葛平：《地籍整理》，9 页，行政院新闻局，1948。

③　土名塘吼宿字第九百十号、九百十一号、九百十二号、九百十三号和土名火烧山宿字八百七十一号。

④　《官产处分条例》，载《浙江财政月刊》，1933 年"现行财政法规专号"，61～62 页。

⑤　学界对东南山区和山林经济的研究积淀丰厚。厦门大学的学者在

1995 年就出版了《中国社会经济史研究》"明清东南区域的平原与山区经济专辑"(1995 年第 2 期)。杨国桢、郑振满、徐晓望、刘永华等都长期在这一领域耕耘，发表了大批成果[杨国桢：《明清土地契约文书研究》，北京，中国人民大学出版社，2009；郑振满：《乡族与国家：多元视野中的闽台传统社会》，北京，生活·读书·新知三联书店，2009；徐晓望：《明清东南山区社会经济转型——以闽浙赣边为中心》，北京，中国文史出版社，2014；等等]。关于江西山区，则有曹树基、黄志繁、饶伟新等对赣南山区经济和社会的研究[曹树基：《明清时期的流民和赣南山区的开发》，载《中国农史》，1985(4)；《明清时期的流民和赣北山区的开发》，载《中国农史》，1986(2)。饶伟新：《清代山区农业经济的转型与困境：以赣南为例》，载《中国社会经济史研究》，2004(2)。黄志繁：《"贼""民"之间：12—18 世纪赣南地域社会》，北京，生活·读书·新知三联书店，2006]。刘秀生、谢宏维、郑锐达、梁洪生等对"棚民"的研究也与此相关[刘秀生：《清代闽浙赣皖的棚民经济》，载《中国社会经济史研究》，1988(1)；谢宏维：《清代徽州棚民问题及应对机制》，载《清史研究》，2003(2)；梁鸿生：《从"异民"到"怀远"——以"怀远文献"为重心考察雍正二年宁州移民要求入籍和土著罢考事件》，载《历史人类学学刊》，2003(1)]。徽州的研究成果更是用"汗牛充栋"来形容都毫不夸张[参见王振忠：《徽学研究入门》，上海，复旦大学出版社，2011；卞利：《20 世纪徽学研究回顾》，载《徽学》，第 2 卷，2002；郑小春：《徽州诉讼研究二十年回顾与展望》，载《徽学》，2018(1)]。他们对山区的人地关系、环境变迁、山场租佃、木业经营、人口流动、土客矛盾、社会组织等各方面都进行过大量讨论。近年来，对村落、宗族、小流域的历史发展过程的梳理，获得了令人瞩目的成果，如上海交通大学曹树基研究团队对浙江松阳石仓源村落群的研究。这些研究具有一些相似的特色，如都大量使用契约、族谱、鱼鳞图册等地方文书，主要集中在明清历史时段，研究者大都聚焦于社会经济史，等等。也许正因为如此，大家对于山区最基本的生产资料——山场的私人占有过程、权属的出现和确权问题，反而关注较少[参见康健：《明清徽州山林经济研究回顾》，载《中国史研究动态》，2013(3)]。本书将从山场界址的角度，探讨山的开发、占有、分割转移过程中，人们对山林认知的细化，以及它们与确权之间的历史关系。此项研究始于 2018 年在浙江大学人文高等研究院举办的两次"丈量土地：地籍、契约和档案中的地界标识"工作坊，其中的部分内容分别在《浙江社会科学》《史学月刊》《北京大学学报(哲学社会科学版)》《近代史研究》《中国经济史研究》上发表，在此向各位同人、编辑和匿名审稿人致谢。

私占与定界

　　天台山者，盖山岳之神秀者也。涉海则有方丈、蓬莱，登陆则有四明、天台，皆玄圣之所游化，灵仙之所窟宅。夫其峻极之状，嘉祥之美，穷山海之瑰富，尽人神之壮丽矣。所以不列于五岳，阙载于常典者，岂不以所立冥奥，其路幽迴，或倒景于重溟，或匿峰于千岭；始经魑魅之涂，卒践无人之境；举世罕能登陟，王者莫由裡祀，故事绝于常篇，名标于奇纪。然图像之兴，岂虚也哉！

——孙绰《游天台山赋》

孙绰的《游天台山赋》是晋赋中的名篇。东南的四明山、天台山千峰回转，幽邃窈窕，艰于登陟，人迹难觅，是"玄圣之所游化，灵仙之所窟宅"的洞天福地。这类关于仙境的想象，是古代文人山林书写中源远流长的主题。特别是在早期记述中，山，常常被描述为高人出世的隐修之地，神仙出没的神秘所在。这在一定程度上遮蔽了山作为生产和生活资料的历史，也让先民对山场资源的开发、竞争活动隐没不彰。

一、依山而居

关于山在中国上古时代的意义，前辈学者多从传说、文字上释意。章太炎以山为上古政治的中心，"天子为代天之官，因高就丘，为其近于苍穹"①。柳诒徵从传说的发生地立论，也认为"世多谓文明起于河流，吾谓吾国文明，实先发生于山岳"②。钱穆从文献记载上考证"中国古代农业多半属山耕"③。由"山耕"的讨论延伸开来，他又考据古代表示居所的文字的形制、含义，认为古人山居，但"其事殆多在夏及其前。自殷以下，渐迁平地"④。胡厚宣以当时新出卜辞材料说明殷人也是居于高阜之地的。⑤这些从文字、文献追溯的历史，很多与神话难以区分，如文献常常将"山居"与"大洪水"的神话联系起来："尧遭洪水，人民泛滥，遂（逐）高而居。尧聘弃，使教民山居，随地造区，研营种之术。"⑥其真实历史过程的重建还需要依靠考古发掘。

本书所关注的"东南"山区即天目山—黄山山脉和仙霞岭—武夷山脉，"大体相当于今天的安徽南部、浙江、江西与福建"⑦。这一带古人山居、山耕的文献记载，如

《吴越春秋》"(无)余始受封，人民山居，虽有鸟田之利，租贡才给宗庙祭祀之费。乃复随陵陆而耕种，或逐禽鹿而给食"⑧，其中可能保存了早期先民山林洞穴生存模式的记忆，但也需要考古发现的证明。

目前这些地区旧石器时代的考古发现中，洞穴遗址占有一定的比例。如福建万寿岩遗址、猪仔笼洞遗址、奇和洞遗址等。⑨到新石器时代，先民开始逐渐告别洞穴，进入河谷盆地、台地居住。如浙东丘陵地区的上山文化遗址群多分布于河谷盆地边缘的山前台地，并深入平原的中央。⑩河姆渡文化遗址的聚落，虽然地势低洼，临近河湖沼泽，但仍然会依托于周边山麓或小型、孤立的山丘。⑪浙南山区的好川文化遗址，大都分布在山岗顶部、山腰或山脚。新安江中上游旧石器和新石器时代的史前遗存，也表现出从河流沿岸的第二级阶地向更低的第一级阶地变化的趋势。⑫丘陵、山地是这些先民躲避洪水、获得生活资料的依靠。

考古学界对史前遗存文化形态的分析，也发现了黄山—怀玉山、仙霞岭—武夷山这些山区之间的相关性。例如，闽北、闽西山区新石器时代的人类活动遗存与海滨地区有较大的文化差异，而与邻近的江西、浙江山区有更多的相似性。[13]同属皖南的芜湖、铜陵和黄山山区也被区分为两种不同的类型，后者是"一支含有崧泽文化、良渚文化影响的山区类型的原始文化"[14]。浙西南仙霞岭山区的山前山、好川、曹湾山遗址等也与浙北颇有差异。牟永抗认为，钱塘江以南的古文化大都与丘陵山地有关，"这一地区的古遗址主要分布在邻近溪流的沿山地带"。"就现在的地理条件而论，福建的大部、广东的东北部和江西的一部分都属于相同的地形，很可能在古代的生态环境也是相近的。……钱塘江以南的古文化有不少特点。这些特点也往往存在于福建及其邻近地区的古文化中。"[15]尽管目前的史前考古工作尚未完整呈现这片山区总体的文化形态和人群流动，但是已经证明最晚在新石器时期，此地人类依山而居的历史已经开始。

进入有历史记载的时期，民众入山采伐竹木、利用山林的记录陆续出现。直到秦汉时期，渔猎山伐仍然是南方山区主导的经济形态，甚至有天然森林被破坏殆尽的记录。[16] 人们在山麓营建居所、形成聚落甚至营造城池。[17] 在依山而居和开发山林的过程中，人们对山的认知、记录逐渐具体丰富。《越绝书》之《记地传》中记载了不少"山"：

麻林山，一名多山。句践欲伐吴，种麻以为弓弦，使齐人守之，越谓齐人"多"，故曰"麻林多"，以防吴。

葛山者，句践罢吴，种葛，使越女织治葛布，献于吴王夫差。去县七里。

犬山者，句践罢吴，畜犬猎南山白鹿，欲得献吴，神不可得，故曰犬山。其高为犬亭，去县二十五里。

鸡山、豕山者，句践以畜鸡豕，将伐吴，以食士也。鸡山在锡山南，去县五十里。豕山在民山西，去县六十三里。

种山者，勾践所葬大夫种也。

巫山者，越魅，神巫之官也，死葬其上，去县十三里许。⑱

尽管这些记载都带有后世附会勾践故事的痕迹，但也反映了人们或以山的出产、功用，或以其间的葬坟给山命名的特点。这些对山的命名、记录，可能伴随着语言文字的出现就已经开始了。但是这些早期的记载中，没有强调山场的权属问题。

二、树封立界

在山中树立界封、明确权属的行为，在汉代以前的东南山区尚未看到有史料记载。在北方，西周散氏盘铭文记录有在山地划界的行为。矢国因为战败而赔付土地给散国，踏勘界址时涉及几段山界，根据释文"从土山向西，在敝城用楮木树立封界，从敝城至刍逨封土……登上刍山，登到有瀑布的崖岩处，在石崖旁岸的土山陵上和长山脊处树立封界"[19]，山上的勘界利用了山陵、山脊等自然地形，并且在上面立封，以明确界线。但这毕竟还是"国"与"国"之间的树封立界的行为，这些封界的维护和效力如何也缺乏史料说明。

相比而言，田土的私人确权较山场无疑出现得更早，数量也更多。从现有的研究和史料来看，西周时期田土的赐予、纠纷、交易中都出现了界的划定。如陕西岐山县董家村出土的五祀卫鼎的铭文记载了西周恭王五年(公元前918)裘卫租田契约，其中对所涉及田产的面积和"四至"已有记录："厥朔疆逮厉田，厥东疆逮散田，厥南疆逮散田暨政父田，厥西疆逮厉田。"唐兰的释文为：

"（于是给在这个邑里定下四界）北界到厉的田，东界到散的田，南界到厉的田和政父的田，西界到厉的田。"⑳同一批出土的青铜器中，还有一件九年卫鼎，其铭文记载了林地的踏勘给付事。与五祀卫鼎铭文中的田不同，这处林地没有现成的四至和面积，而是"乃成夆四夆"，即"在四面堆起土垄为界"㉑。这块林地是否为山林，并无记录，但这两件铭文恰好反映了两种不同情况下的定界方式。一种是在开发较为成熟的、周边皆为有主田土的情况下的界址表示，一种是在林地设置界封表示界址。㉒

如前所述，树立封土是一种很早就出现的划疆定界的办法。它显然也被用于私人田产的定界。关于这些封界的法律效力，学界对睡虎地秦简《法律答问》中的"盗徙封"一条有很多讨论。㉓作为一条关于处罚私自移动界限标志的"封"的法律，有学者已经指出它的目的并不在"设立和维护土地所有权"，而在于国家对土地的控制力。这些在阡陌顷畔所设立的"封"，目的在保护阡陌（即道路)不被田所侵占。㉔换言之，虽然树封划界的行为既出现在"国"与"国"之间，也应用于私人间的产业划分，但这并不意味着国家会主动根据界封保护私人的土地权利。

林业史的研究者以《逸周书》《伐崇令》《周礼·山虞》《管子》等文献证明，先秦时代各国对山林有封禁措施。但是这些措施大都是对狩猎、伐木季节的时间限制，即"时禁"，目的是保护动植物的繁殖、更新，是不"竭泽而渔"的意思；禁令中并没有封禁空间的确切界至。㉕也就是说，在相当长的时间里，人们利用山场资源，但山的权属是不明确的，或者也并不需要明确。这种状态，有学者即定义其为"公有"或"国有"。唐长孺依据历史文献勾画了南朝山林川泽从国有（天子所有）到被迫承认私人占有的过程。他说："山林川泽在古代一向不承认私人有占领的权利。……在中国似乎维持山泽公有更久，直到出现了国家以后，便算作天子所有，私家还不能占领。……随着皇权的消长与禁令的宽严，对于山泽的控

制虽不能常常十分严格，但山泽王有的法律根据却始终保存。"㉖

从国家经营管理的角度来看，秦汉政权治理山区的兴趣晚于平原地区。谭其骧从设县的时间和过程考察今天浙江各地的开发过程和省界、地区界的形成，发现秦在浙江设置的十五个可考的县，其中有三分之二在平原，只有四个在浙西天目山区和浙东山区的诸暨和金衢盆地。㉗唐长孺考察汉代和孙吴时期江南山越的活动，发现不管是在汉武帝时期还是孙吴一代，统治者经营山区，"其目的不在于开拓疆土而在于扩大对劳动力的控制，虽然在客观效果上开拓了若干山区。因为如此，当征服了某一山区，某一宗部，并不急于设立统治机构，而是将山民强迫迁移到平地上去"㉘。因此，在国家力量最初进入山区的阶段，山区的人口是减少的，对山场资源的利用是被抑制的。陈桥驿也认为，汉代以后随着水利建设的进步，平原被开发，山区的垦殖则陷于停顿，这种情况一直到 18 世纪前后，才随着玉米、番薯等山地作物的引进而发生变化。㉙事实上，在很长的时期里，从国家、王朝的角度去看，山区都被视为流民、逋亡之徒的藏身之所，而国家所谓对山区的治理，就是将原来逃逸在赋役体系之外的山民编入版籍。在这个过程中，国家对"人"的控制开始得较早，而对山场本身的管控则相对晚近，而且在很长时间里只是采用宣布"封禁"这样的消极方式。

由于山林川泽王有的法律制约，以及山场开发利用方式与田土的差异，大规模私占山场和进行确权的记载出现较晚，资料零星。而且历代官府对山场和田土的管理、控制力度不同，因此在早期官方文献中留下的山场记录相对也较少。这些都导致了我们对山场确权和定界的历史过程认识不清。从前引西周租田契约可以看到，明确私人田界四至的前提，是土地被充分开发和占有。"边界"与排他性的"权利"观念相伴而生，有着私人确权意义的山场界至的出现，也应该是随着山场的利用、开发逐渐产生的。

现存最早的买山石刻是公元前 68 年的《扬量买山刻石》："地节二年□月，巴州民扬量买山，值钱千百，作业□子孙永保，其毋替。"[30] 就在两汉之际，东南地区也有建初元年(76)山阴县的买山题记："昆弟六人，共买山地。建初元年，造此冢地，直三万钱。"[31] 对于这两通石刻的真实性，学界有存疑。鲁西奇认为，即便两石为真，也不能视为买地契约。[32] 我同意这两块刻石不是契约的观点，但如果将其作为私人占断山林的观念表达的话，它们的表现形式是颇为一致的，即直接刻于山石之上，记录买山的时间和价值。然而两通石刻都没有记录卖主和山产的具体界至，换言之，私人占断山场的权属观念刚开始出现时，人们对山的界至似乎不甚在意。石刻记录无坐落、无四至、无面积，也说明彼时即便有山的买卖，可能也还并没有丈量、勘界、立界的程序。

图1 《建初买山题记》

图片来源 "会稽万古——越中金石拓片展"（2021年8月30日—10月30日）

南朝时，豪强大族在东南山区营建庄园。谢灵运的《山居赋》被认为是对谢氏始宁县别业的描写。谢氏别业傍山带江、连山叠谷，其间耕植渔猎，百物丰饶。《山居赋》中描绘山庄的四方之景，言其“近东”“近南”“近西”“近北”的山川风貌㉝，也还并没有界至的观念。但伴随着豪强、僧尼的占山活动，山场界至的出现是必然的。

东晋成帝时，就有诏书禁止私人侵占山泽：“占山护泽，强盗律论，赃一丈以上，皆弃市。”㉞南朝宋“山湖之禁，虽有旧科，民俗相因，替而不奉，熂山封水，保为家利。自顷以来，颓弛日甚，富强者兼岭而占，贫弱者薪苏无托”。在豪强私人封禁山泽的这一趋势下，羊希立法承认私人（主要是豪强、品官）对山川的占有：

凡是山泽，先常熂爈种养竹木杂果为林芿……听不追夺。官品第一、第二，听占山三顷；第三、第四品，二顷五十亩……第九品及百姓，一顷。皆依定格，条上赀簿。若先已占山，不得更占，先占缺少，依限占足。若非前条旧业，一不得禁，有犯者，水土一尺以上并计赃，依常盗律论。⑤

这条法令对占山有具体的面积限定，但并没有其他材料证明，当时对私人占山进行过实际丈量或登记。这次立法只是说明在山泽被开发的过程中，国家曾试图对豪强大族以及山泽之利进行管辖和限制。

《梁书》记载：

又复公私传、屯、邸、冶，爰至僧尼，当其地界，止应依限守视；乃至广加封固，越界分断水陆采捕及以樵苏，遂至细民措手无所。凡自今有越界禁断者，禁断之身，皆以军法从事。若是公家创内，止不得辄自立屯，与公竞作以收私利。至百姓

樵采以供烟爨者，悉不得禁；及以采捕，亦勿诃问。㊲

这段文字中多次出现了"界""禁断"的概念。再如："司徒竟陵王于宣城、临成、定陵三县界立屯，封山泽数百里，禁民樵采。"㊳山林封禁不再是对狩猎采伐时间的限制，有权属、有边界的空间成了限制的重点。当然，这种限制是不成功的。

直到唐代，虽然《唐律疏议》卷二十六《杂律》规定"诸占固山野陂湖之利者，丈六十。【疏】议曰：山泽陂湖，物产所植，所有利润，与众共之。其有占固者，丈六十"㊳，但这条法令并不能贯彻。唐武宗会昌元年敕令："如有荒闲陂泽山原，百姓有人力能垦辟耕种，州县不得辄问。所收苗子，五年不在税限，五年之外依例纳税。"㊴通过承认私人垦辟并要求纳税，官府实际上承认了私人占有、开发山场的行为。

三、山坟与坟山

《全唐文》收录了一篇署名为晚唐刘汾所作的《大赦庵记》，该文记载刘汾以祭祀先祖为名，在饶州路乐平县归桂、丰乐二乡（今江西万年县）创设大赦庵，寺庵坐落南山，记文中详细开明了山业的四至和亩数：

> 光启二年，佃得荒闲山田一段，约计八百余亩，名曰南山。坐落饶州路乐平县归桂、丰乐二乡，居崇山峻岭之间，人境寥绝。东至弋阳高界培分水为界，西至丰乐风门岭洪鹤山嘴为界，南至归桂乡东源坑合水为界，北至丰乐乡红鹤山盘岭分水为界。四至分明，源头坞尾，上崖下坳，与外并无一毫之间。其田地成者少，荒者多。召人勤力其中，尽一夫可受。屡次召佃耕种，俱各辞以不能。⑩

据这段记文，南山是一处广袤高峻、平地绝少的大山，几乎荒无人烟，即便招佃，也少人应佃开辟。刘汾以为祖先设立功德寺为名，占有了这座山场。但是这篇文章并非晚唐刘汾所作，晚清劳格在《读书杂识》中已将其定为伪作。今人方积六有《〈大赦庵记〉真伪考——关于黄巢起义一则史料的考辨》一文，从刘汾镇压黄巢起义事迹、官职迁转以及唐末行政区划等方面，论证该文是伪造。因为《大赦庵记》目前最早见于乾隆十六年刊《万年县志》，方积六据文中涉及的地方制度等内容，推测文章的写作年代应该在"明、清之际"。[41]

因此这篇伪造的记文可能反映的是明清以后当地人占山的理由和做法。记文假借刘汾之口，历数他的战功，并且说明占山设庵是为了让僧人"勤于开耕，守奉祖宗春秋二祭，及礼三宝慈尊，兼得利生益死"。"将本身居官政事缘由，施山创寺事实，录作二本。一以垂之家谱，以做后人，勿坠吾志；一以给付僧人，收管山田。凡诸僧人在寺住持，务要各守本分，不许贪花好酒，妄将田地移丘换段，及盗卖等情。其山已有四大界至，诸人不许侵占。""故书是说，以为砧基之本云。"㊵由此看来，伪造这类记文就是为了制造确权的证据。它首先以祭祀祖先的名义来说明占山的合法性，接着又对山场四至进行了非常详细的描述，以确认边界。这些做法在明清以后的南方山区是非常典型的。《大赦庵记》虽为伪作，但这种以祖宗功德坟寺占山的做法由来已久，以山坟和寺观占山可以说是最早的、有产权宣示意义的占山形式。

最早与山有关的私人产权宣示和明确标识，出现在对位于山地的陵墓营造和定界中。前述山阴建初买山题记，就写明是为建冢地而买山刻石。关于坟冢的"买地"资料，汉代以来的买地券是被讨论最多的。这些买地券多是格式化的，其中的面积和四至等信息，一般不被视为真实的买卖记录，但它们仍然反映了人们为土地确权的基本观念。[43]而且个别买地券对坟域的具体位置、大小甚至四边长度都有记载。如《东汉建初六年武孟靡婴买冢田玉券》："南广九十四步，西长六十八步，北广六十五，东长七十九步。为田廿三亩奇百六十四步，直钱十万二千。东，陈田比分，北、西、南朱少比分。"[44]这块"冢田"的面积广大，此券应该是真实的土地买卖记录。它还反映了积步为亩的测量计算方法和面积单位，尽管后代存在着"亩法"的变动和复杂的"折亩"问题，但这种面积计算方法，一直沿用到清代。[45]

唐代律令基于礼制以步亩数字分等级，规定茔域的大小。[46]近年来，学者结合考古发现认识墓园的实际形态，他们发现，唐代从皇室到品官、庶民都用建筑土墙、阙、壕沟和植树等方式标识茔域，明确范围。[47]但是，这些研究大都并不在意陵墓所在地区的地形差异。

在东南山区，陵墓常修筑于山中。宋以前的墓地虽多有考古发现，但标识墓地范围的地表建筑很多已经不可辨识，其地址方位信息主要保留在出土墓志中。唐宋墓志对于地点大部分只记录"葬（厝、窆）于某县某乡某山之原（阳、南……）"，有的在这句话之后会标注坐向。[48]但也有一些唐代至北宋初年的墓志，详细记录了墓地的四至范围。例如，开成三年（838）《唐前太庙斋郎京兆万府君亡妻太原王氏墓志铭并序》："窆于（鄮县）孝义乡仲夏里石臼山。其墓东至山脊分水，西至溪，南至长溪，北至田各内界。"[49]

这一类标明真实四至的墓志在《越窑瓷墓志》中收录尤多。这些墓葬大都分布在慈溪上林湖周边山地，其中大部分是以山的自然地貌作为界标来界定四至的。兹举数例。

唐贞元十八年（802）《钱罗侯墓志》：

冢葬今在明州慈溪县上林乡上林湖表东岙，东至大溪，西至岭，南至岭，北至范昌墓。⑩

吴越宝正二年(927)《项峤墓志》：

于年秋九月廿二日买得余姚县上林乡东窑之里，坟居壬向，地枕上林湖之东南山川不植之地。虑恐其山谷改变，海岸崩颓，故镌数行，将为之记。……其地东至山脊分水，西至坑直上至松岗，南櫂树关横过东分水，北至柿树口□□□。⑪

宋开宝七年(974)《罗坦墓志》：

东至余德章山峰分水直下官路；西至朱丛蕴古路直上山峰；南至官路；北至潘旭样山峰分水为界。其墓坟有四所……四至已□，相状万古，准此

规绳，乃至海变桑田，此志长存不朽。㊾

考虑到墓志埋葬于墓穴之中的特性，它们应该并不是为了用作地上山场的产权证明，其主要目的是"虑恐其山谷改变，海岸崩颓"。但是，这些墓志也透露出另一个信息，即这些用作墓地的山场买卖交易，曾经签订有契约。

后梁龙德元年(921)《方积墓志》中记载：

> 其山东至冯胤；西李仁厚；南至项瑗旧李墓，从梨树直上至冯界；北至官路。用贿帛售得项瑗之山地，**关约断直，具有契书保见焉**。即新茔，礼也。恐后时移代改，川陆互形，固刊贞甍。㊿

墓志中出现的墓域界址文字，来自真实的山坟地买卖契约。墓志被埋入地下，在世间则有契约承担着山坟定界、确权的作用。同时，山场四至表述中频繁以周邻业主、产业作为边界标识，说明这些山坟所在山场的开发和私人占有，已经相对成熟了，这可能与其时上林湖附近瓷业的发展有关。

与大多数买地券中格式化的、虚拟的四至不同，这些墓志中的四至、地名都是具体真实的。这些墓志所叙述的茔域范围相当一部分面积可观，应该远远超出了唐代庶人墓"其地七步"之数^㊹，是由岭、岗、分水等山形地貌标识的一整片山。有的是包括数座坟茔的墓园，其范围内不仅仅是墓葬，还包括有相当部分的山林地。换言之，在唐、五代和宋初，今天上林湖周边有一部分位于山上的茔域，是被作为山产来记录的，墓葬只是其中的一部分，即类似于我们在后代文献中所熟悉的"坟山"。

考古发现的浙江宋代墓葬也大都位于山上，这在很大程度上是受到了风水观念的影响，即所谓"山势怀抱，

前景开阔的藏风得水处"。⑤考古揭示出来这些墓葬地表
茔园主要由墓室、封土、拜坛、墓祠、神道等建筑构
成，这些地表建筑（特别是环绕封土的围墙和五凤楼）标
识出墓域的范围。考古专家认为，这类地表茔园是北宋
中晚期才开始出现的。有趣的是，正是与地表茔园建筑
开始流行的同时，在北宋中晚期以后的墓志中，以山川
地貌详细标明四至、记载墓域范围的现象几乎消失了。
墓志中的这一变化，原因还不清楚。明清以后，墓域的
界至多记录在契约、族谱和赋役册籍中；这些"地上"书
证（相对于埋藏在墓穴中的墓志而言）的出现，在某种程
度上呼应了山场确权的需求。事实上，明清以后坟域的
产权凭证以及坟墓、坟碑，不仅被用于对坟墓本身和荫
木的确权，也被大量用作周围山场争讼的凭据，以至于
坟山争讼成为山场诉讼的一大类型。

四、寺观占山

很多学者注意到公元4、5世纪僧道盛行入山修行。近年魏斌出版的《"山中"的六朝史》指出,"从访问性的山岳祭祀和早期零散性的山中修道者,到更具生活性、团体性的山中寺院、道馆,可以理解为一种新的山中文化性社会组织或者说文化共同体的兴起"[56]。山林寺院还是文士隐居、修习的场所。严耕望著有长文,探讨唐人在山林寺院习业的风尚,以此为宋代书院的渊源。文中列举了丰富的文献,描述学子在山中习业的情形,甚至有部分学子芟夷开辟,且耕且读,因此唐代"名山之区并不很寂寥"。[57]

这些研究多注意于山居生活的文化属性。记录僧道、学子山居的文献,几乎都不会提及他们是以何种方式获得在山林营建、居住的权利的。例如,陈衮在庐山之阳"是卜是筑，为书楼堂庑数十间"，但这处山的来历，徐锴《陈氏读书堂记》中并无交代。⑱李征古作《庐江宴集记》，同样记述了他在庐山"结庐""营小堂以自居"。关于这处基址的来历，他说："乾贞己酉岁，予旅游及此，得国朝四门博士庭筠书堂故基。"⑲此一"得"字，是买是赠，抑或只是"看见""访得"之意，均不可知。换言之，不论是寺观，还是士人学子开始进入山中有所营建，生活其中，从山中获取各种生活物资，"产权"问题在开始时并不被关注，至少有关诗文并不将此作为需要记录的内容，因此也就不为学者所重视。

在宗教史的研究中，寺观所在、所据的山场主要是在寺院经济、寺产的类目下被提及的。何兹全在 20 世纪 80 年代主编《五十年来汉唐佛教寺院经济研究》时就对此课题有过回顾⑳，白文固在 1998 年也对国内寺院经济的研究做了总结㉑。早期寺院经济的研究，较为注重佛教经律中的财产制度。道宣所著《量处轻重仪》将"田园、房宇、山林、池泽、人畜"等都归为"局限常住僧物",规定它们属于寺院共有,不可卖、不可分。《四分律行事钞》将"田宅园林"列为僧尼不得私蓄的"八不净物"的第一项。它们与"四(十)方常住僧物"的区别是,前者限定归属于某个寺院,而后者属于寺外所有僧众都可以享用。[62]这是经律对"田宅园林"在寺院内部的权利分配、传承的规定,并没有解释寺院如何获得山场产业才是正当的。

学者们也从社会经济史的角度研究寺产的实际管理和运作。谢和耐、黄敏枝、谢重光等都注意到,山场在佛教寺院财产中占有相当的比重。谢和耐在考察5—10世纪的寺院经济时说:"寺院土地的最早核心部分,是由山地或丘陵地组成的。""在寺院土地中,森林、灌木丛、牧场、山坡园圃,在其中扮演着一种于农民经济中未曾有过的作用。"因此,多种开发经营是寺院经济的特点。[63]谢和耐认为,佛教对高坡地的爱好,一方面固然是因为佛寺大都建筑在高山上，而且"立法和政治理论是反对剥夺良民（自由农民）财产的，对农民阶级的水浇田的保护，是统治阶级首当其冲的义务"，另一方面也是因为寺院较有实力组织开发山场。㉔谢和耐将寺院开发山地看成是寺院避免与国家、农民争夺平田沃野的一种选择。但这一认识来自僧人的自诉："其僧尼或于林处，或在于山居，常以持盂代耕，自给朝夕，于国家何害。"㉕他们强调山林远离国家，因此与国家不存在竞争关系，这显然是自我辩解的言辞。

黄敏枝的研究侧重于宋代，宋代寺产（包括山场）来自敕赐、施舍、购买和规占。㉖如果从产业来历的角度看，其中施舍、购买都要以山场产权的存在为前提；敕赐的基础是前述山林川泽王有的法律；开垦、规占则是通过先占和使用创制了具有一定排他性的权利。僧道作为最早开始山居并长期实际占用山林的特殊群体，在山场"产权"创制的过程中扮演了重要的角色。然而寺观从山居到管业的这一历史过程，并没有被仔细地研究过。

以浙东佛道名山天台山为例，天台山自孙吴时期开始就有道士在山中隐修，东晋时期佛教进入天台山。之后人们对天台山有相当多的记述，尤以前述孙绰的《游天台山赋》为名篇。孙绰的这篇名作，不论是否实地游览、即目所见的真实记录，都影响了很多后世有关天台山的文献。这些文献绝大部分是将天台山作为一处神仙洞府来描绘的。东晋南朝的志怪小说中，也多次出现人们进入天台山狩猎采集，遭遇神仙的故事。《续搜神记》记："会稽剡县民袁相、根硕二人猎，经深山重岭甚多，见一群山羊六七头，逐之。经一石桥，甚狭而峻。羊去，根等亦随渡，向绝崖。崖正赤、壁立，名曰赤城。"⑤《幽明录》也记载，"汉明帝永平五年，剡县刘晨、阮肇共入天台山取谷皮，迷不得返，经十余日，粮食乏尽，饥馁殆死"，后遇仙人得救。⑧其中的"取谷皮"，就是采树皮["谷（榖）"字当作"榖"，即楮树，皮可入药]，用于造纸或者制衣冠。⑥⑨直到唐代，牛头禅遗则禅师至天台山传道，《宋高僧传》记载如下：

> 遂南游天台，至佛窟岩，盖薜荔，荐落叶而尸居，饮山流、饭木实而充虚，虎豹以为宾，麋鹿以为徒，兀然如枯。其后劚木者见之转相告，有慕其道者曰："道者未有弟子。"相率为筑室，图佛安僧，蔚为精舍焉。⑦⓪

在这则故事中，遗则所居的天台山佛窟岩一带仍然环境荒僻，绝少人迹，但已经有人伐木营生。这些伐木者应该在僧人入居之前，就已经出入大山中了，但是他们这些日常的经济活动很少被文献记录，只是作为背景出现在高僧大德的事迹中时，才为我们所知。这些狩猎、樵采的行为，大都并不构成对山场资源的独占，也就没有产生排他性的山场产权观念。

据魏斌的研究，天台山中佛教寺院的修建在东晋中期，道馆的营建在刘宋时期。他在《"不死之福庭"：天台山的信仰想象与寺馆起源》中梳理了这些早期寺观出现的时间、空间位置，并探讨了天台山神仙洞府的想象对僧道山居的影响。⑦在这些早期史料中也几乎看不到僧道如何获得山林"入住权"的记载，僧道从居于岩穴到营建寺馆佛堂，往往只是"卜居胜地""相率为筑室"，似乎并不需要经过购置或者得到山主、官府许可。修道者在山中采拾而生或开辟田地，也不会遇到产权争讼的麻烦。

但是，如前所述，今天的浙东山区在东汉、孙吴时期就已经有山场的私占、私有现象出现了。特别是随着南朝北方侨民的南下，豪强擅占山泽在记载中屡屡出现。前引《梁书》中特别列出了"僧尼"，他们是禁断山泽的一支重要力量。⑫部分山场必然经历了从开放的公共资源，到逐渐经过寺院、大族的封固立界，成为私有产业的过程。

支遁买山的典故可能从侧面说明了当时僧人占山和山场私有观念的出现。《世说新语》中说："支道林因人就深公买印山，深公答曰：'未闻巢、由买山而隐。'"㉓"深公"即东晋高僧竺法深，为琅邪王氏，南渡之后常年在剡县山中修行。支遁（支道林）也是名僧，欲向其买山而居。《高僧传》中竺法深的原话是："欲来辄给，岂闻巢、由买山而隐。"㉔这里卖和"给"的对立，当然是为了强调"隐"之出世理想的纯粹性，但不论是卖还是"给"，都是以竺法深拥有山业为前提的。支遁买山的故事说明，当时人们对于山场已经有私有产业的观念。但是在高僧隐士的山居文化中，他们并不屑于表达和记录这点。山场的买卖交易活动，被尽可能地排除在清雅的山居生活和山林情趣之外。

最早体现出对天台山场拥有排他性权利的记录，是唐代徐灵府所作的《天台山记》。该文记载唐睿宗为司马承祯复桐柏旧额，封山四十里：

> 吴朝葛仙公废桐柏观在天台山，如闻始丰县人斫伐松竹，毁废坛场，多有秽触，频致死亡。仰州县官与司法练师相知，于天台山中僻方封取四十里，以为禽兽草木长生之福地，置一观，仍还旧额。[75]

这里的"封取四十里"，并没有具体的界址，很可能只是虚指。因为陶景弘《真诰》就曾记"金庭有不死之乡，在桐柏之中，方圆四十里"[76]，敕书中封禁山的面积数字，可能就是继承前人对桐柏仙乡的认知而来的。但敕书已经提到所封禁之地应该选在"僻方"，即避开人烟聚集之处，这说明彼时天台山间已有居人。关于田地开垦和营建居所带来的占山行为，《天台山记》中还有两处模糊的线索，一处说中峰观"前有田顷余"⑰；一处说国清寺西北十里有"陈田"，这是由一个神话故事而得的地名，"昔有神人于此开田，供智者大师朝种暮收"⑱。换言之，唐代佛道寺观通过敕赐和开发、营建，占据了天台山场，同时民人在山中的定居和垦辟活动也更为常见，在这个过程中必然会开始出现各方对山场权利的声明。

隋唐以后，寺观山场的明确界址开始出现在记录中。以"四至"来确定寺观山场边界、宣示权利的做法，在隋唐时期北方地区的石刻文献中多有记录。山西的栖岩寺在隋朝时确定了山场寺产的界至。《山右石刻丛编》第三编收录的《栖岩寺四至记》中记载：

栖岩寺自魏永熙之季大隋太祖武元皇帝之所敕建，仁寿元年建舍利塔，命寺主僧明达禅师定其壝界四至，周围约二十余里，南至阿奴谷底分水为界，西至谷口过路，北至新罗岭，东至鹞子岭东凹底。

碑记还记载，后梁至北宋历代官府出示榜文，差派十将、弓手、耆长巡林，禁止军民在界内采斫林木。⑦北宋山西凤台县《福严净影山场记》的作者说，他在山间看见大隋开皇七年昙馥禅师所立古碑，隐隐可见刻有山场四至。他抄录下碑文，重新摹刻：

一福严禅院山场四至，东至马鞍岖，南北随山势为界；南至珏山顶，西南至风门岭，东西随山势为界；西至高家岭棘针林，南北随曲尺地形为界；北至交河水心，西北至柳泉南分水岭，东西随河岭为界。

一净影寺山场四至，东至箭豁子，东南至孔杨坂，南北随山势为界；南至大回沟，西南至梯岩山，东西随水心为界；西至大河，南北随河势水心为界；北至耍子崖，东西随山势为界。⑩

上述记载的北方寺院山场多得自"敕赐"，应该是这些山第一次被确定业主，同时即划定了界至。清人王昶所著《金石萃编》中录有一篇《记石浮屠后》，记载唐开元十八年（730）金仙长公主赐经及寺产一事。其中录有所赐田庄果园、环山林麓的界至："东接房南岭，南逼他山，西止白带山口，北限大山分水界。"又记磨碑寺的地界："东至道，南至河，西至河，北至他山，四至分明，永泰无穷。"⑪这些寺院山场界至的表述和后代山契中的四至基本一致，主要以分水、沟、岭等自然地理标志作为界线，或者"随山为界"。虽然有"周围"多少里的数字，但这些数字都是虚指，并没有确切勘丈过的痕迹。

相比而言，目前所见东南山区有明确四至的寺观占山记录，似乎较北方地区为迟。绍兴会稽山摩崖有唐开元二年(714)《龙瑞宫记》石刻，记怀仙馆敕改龙瑞宫，龙瑞宫的管山界至：

> 东秦皇、酒瓮、射的山；西石篑山；南望海、玉笥、香炉峰；北禹陵内射的潭、五云溪、水府、白鹤山、淘砂径、茗坞。[82]

这则管山界至虽以东西南北四方标识，但与后代常用的“四至”有所不同。它并不以具体的分水、山岭、石坎等标识边界，而是以笼统的山名、山峰指称范围。这可能反映了东南地区早期寺观占山的一种情况。与前述山坟、坟山界址的表述不同，对于较大范围的山场，其界址还是统称以山名，并没有出现山场地形的细节描述。

概言之，在宋代以前的东南山区，僧道、民人的山居、营建、开田、坟葬活动中，零星体现了山场私有观念，但是出于樵采和山林经营性活动的目的而圈占山场、明确划界的行为仍然是极为少见的，对占山面积的记录更是几乎没有。这一方面固然与此时入山人数较少、山林开发不充分有关，另一方面也因为唐以前寺观产业免征赋税，所以关于寺观山场权属的官方记录也较少。两税法实行之后，寺观产业免赋的特权终止了，宋代皇帝虽然经常诏免一些寺院的夏秋二税⑧，但寺院产业开始登记于国家赋役册籍。这个过程又与宋代浙东律师推崇寺院戒律和创设寺院产业相结合，使相关山场的确权和管理越来越多地被记录下来。

注　释

① 章太炎：《太炎文录初编·文录》卷一《官制索引》，"神权时代天子居山说"，见《章太炎全集(四)》，87页，上海，上海人民出版社，1985。

② 柳诒徵：《中国文化史(上)》，8页，上海，中国大百科全书出版社，1988。

③ 钱穆：《中国古代北方农作物考》，见《中国学术思想史论丛(一)》，

5 页，合肥，安徽教育出版社，2004。

④ 钱穆：《中国古代山居考》，见《中国学术思想史论丛（一）》，38 页，合肥，安徽教育出版社，2004。

⑤ 胡厚宣：《说"宅丘"》，载《史学月刊》，1989(2)。

⑥ 崔冶译注：《吴越春秋》，2 页，北京，中华书局，2019。

⑦ 这个区域范围的划定参照了近年陈弱水先生发表的《早期中国东南原住人群——以山越和姓氏为例》一文中的界定。正如他在文中所说的，这一地区早期(汉末至隋代)历史资料稀少，除了"山越"，我们对其人口和社会文化结构的认识极为有限。唐代以后，特别是五代时期的吴越、闽的经营以及南宋定都临安带来的影响，加速了这一区域的开发进程。陈弱水：《早期中国东南原住人群——以山越和姓氏为例》，载《台大历史学报》，2019(63)。

⑧ 崔冶译注：《吴越春秋》，165～166 页，北京，中华书局，2019。

⑨ 范雪春：《福建旧石器时代考古初步研究》，载《东方考古》，2012(1)。

⑩ 浙江省文物考古研究所编著：《浙江考古(1979—2019)》，34 页，北京，文物出版社，2019。

⑪ 同上书，92 页。

⑫ 房迎三、宫希成：《新安江中上游流域的史前遗存调查》，载《东南文化》，2000(1)。

⑬ 福建省博物馆：《福建浦城县牛鼻山新石器时代遗址第一、二次发掘》，载《考古学报》，1996(2)。

⑭ 安徽省文物考古研究所：《安徽考古的世纪回顾与思索》，载《考古》，2002(2)。

⑮ 牟永抗：《钱塘江以南古文化及其相关问题》，见《牟永抗考古学文集》，234～243 页，北京，科学出版社，2009。

⑯ 陈桥驿：《古代绍兴地区天然森林的破坏及其对农业的影响》，载《地理学报》，1965(2)；鲁西奇、董勤：《南方山区经济开发的历史进程与空间展布》，载《中国历史地理论丛》，2010(10)。

⑰ 福建省博物馆：《崇安城村汉城探掘简报》，载《文物》，1985(11)。

⑱　李步嘉：《越绝书校释》，225～227 页，北京，中华书局，2013。

⑲　王晶：《散氏盘铭文集释及西周时期土地赔偿案件审理程序窥探》，载《长春工业大学学报(社会科学版)》，2012(1)。

⑳　唐兰：《陕西省岐山县董家村新出西周重要铜器铭辞的译文和注释》，载《文物》，1976(5)。

㉑　庞怀清等：《陕西省岐山县董家村西周铜器窖穴发掘简报》，载《文物》，1976(5)。唐兰：《陕西省岐山县董家村新出西周重要铜器铭辞的译文和注释》，载《文物》，1976(5)。鲁西奇：《封、疆、界：中国古代早期对于域界的表示》，载《史学集刊》，2020(1)。

㉒　王沛也注意到两件鼎铭文记载土地交付过程的不同，九年卫鼎此次林地交易，"没有王朝有司的参加，此或为林地交易不同于田地交易之处"。王沛：《西周金文法律资料辑考》，见徐世虹主编：《中国古代法律文献研究(第七辑)》，42 页，北京，社会科学文献出版社，2013。

㉓　徐世虹：《睡虎地秦简法律文书集释(八)：〈法律答问〉61—110简》，见桂涛主编：《中国古代法律文献研究(第十四辑)》，1～76 页，北京，社会科学文献出版社，2020。

㉔　张建国：《盗徙封罪侵犯的是土地私有权吗?》，载《北京大学学报(哲学社会科学版)》，1995(1)。

㉕　郑辉：《中国古代林业管理》，22～26 页，北京，科学出版社，2016。

㉖　唐长孺：《南朝的屯、邸、别墅及山泽占领》，见《山居存稿》，13～17 页，北京，中华书局，1989。

㉗　谭其骧：《浙江各地区的开发过程与省界、地区界的形成》，见复旦大学历史地理研究所编：《历史地理研究(1)》，1～11 页，上海，复旦大学出版社，1986。

㉘　唐长孺：《魏晋南北朝史论丛》，15 页，北京，中华书局，2011。

㉙　陈桥驿：《历史上浙江省的山地垦殖与山林破坏》，载《中国社会科学》，1983(4)。

㉚ 毛远明：《汉魏六朝碑刻校注》第 1 册，4 页，北京，线装书局，2008。赵之谦、罗振玉以为是伪作。

㉛ (清)杜春生：《越中金石记》卷一《建初买山题记》，2 页上，詹波馆自刻本。

㉜ 鲁西奇：《中国古代买地券研究》，67 页注 2，厦门，厦门大学出版社，2014。

㉝ 刘宁：《谢灵运、王维和文人山水画的"居游"理念》，见渠敬东、孙向晨主编：《中国文明与山水世界》，93～94 页，北京，生活・读书・新知三联书店，2021。

㉞ 《宋书》卷五十四《羊玄保传》，1537 页，北京，中华书局，1974。

㉟ 同上书，1537 页。

㊱ 《梁书》卷三《武帝本纪下》，86～87 页，北京，中华书局，1973。

㊲ 《梁书》卷五十二《顾宪之传》，759 页，北京，中华书局，1973。

㊳ 《唐律疏议》，527 页，北京，法律出版社，1999。

㊴ (元)马端临：《文献通考》卷三《田赋考三》，69 页，北京，中华书局，2011。

㊵ (清)董浩辑：《全唐文》卷七百九十三，17 页上，清嘉庆内府刻本。

㊶ 方积六：《〈大赦庵记〉真伪考——关于黄巢起义一则史料的考辨》，见《中华文史论丛(总第十九辑)》，229～242 页，上海，上海古籍出版社，1981。

㊷ (清)董浩辑：《全唐文》卷七百九十三，17 页下～18 页上，清嘉庆内府刻本。

㊸ 关于买地券与现世实用土地买卖契约之间的关系，一般认为前者是受到后者影响的产物，但也有学者认为恰恰相反，现世的契约可能起源于人与神祇之间订立的契约。见[美]韩森著，鲁西奇译：《传统中国日常生活中的协商：中古契约研究》，南京，江苏人民出版社，2008；鲁西奇：《中国古代买地券研究》，厦门，厦门大学出版社，2014。

㊹ 《东汉建初六年武孟靡婴买冢田玉券》，见张传玺主编：《中国历代

契约粹编》，44～45页，北京，北京大学出版社，2014。

㊺ 何炳棣：《南宋至今土地数字的考释和评价(上、下)》，载《中国社会科学》，1985(2-3)；(清)俞正燮：《癸巳存稿》卷十《亩制》，见《俞正燮全集》第2册，406页，合肥，黄山书社，2005；傅辉：《亩制差异对土地数据的影响及相关问题》，载《中国史研究》，2006(3)。

㊻ 刘馨珺：《争山盗葬——唐代墓田法令演变之探讨》，见高明士编：《东亚传统家礼、教育与国法(二)：家内秩序与国法》，176～212页，上海，华东师范大学出版社，2008；游自勇：《墓志所见唐代的茔域及其意义》，见荣新江主编：《唐研究》第二十三卷，441～468页，北京，北京大学出版社，2017。

㊼ 游自勇：《墓志所见唐代的茔域及其意义》，见荣新江主编：《唐研究》第二十三卷，442页，北京，北京大学出版社，2017。

㊽ 参见马曙明、任林豪主编：《临海墓志集录》，北京，宗教文化出版社，2002；慈溪市文物管理委员会办公室、宁波市江北区文物管理所编：《慈溪碑碣墓志汇编(唐至明代卷)》，杭州，浙江古籍出版社，2017；章国庆编著：《宁波历代碑碣墓志汇编(唐五代宋元卷)》，上海，上海古籍出版社，2012。

㊾ 章国庆编著：《宁波历代碑碣墓志汇编(唐五代宋元卷)》，23页，上海，上海古籍出版社，2012。

㊿ 厉祖浩：《越窑瓷墓志》，50页，上海，上海古籍出版社，2013。

(51) 同上书，183页。

(52) 同上书，196页。

(53) 同上书，168页。

(54) (唐)杜佑：《通典》卷八十六，典470页上，北京，中华书局，1984。

(55) 浙江省文物考古研究所编著：《浙江宋墓》，154～158页，北京，科学出版社，2009。

(56) 魏斌：《“山中”的六朝史》，6页，北京，生活·读书·新知三联书店，2019。

(57) 严耕望：《唐人习业山林寺院之风尚》，见《严耕望史学论文集(下)》，886～931页，上海，上海古籍出版社，2009。

(58) (清)董诰辑：《全唐文》卷八百八十八，3页下，清嘉庆内府刻本。

(59) (清)董诰辑：《全唐文》卷八百七十二，6页上，清嘉庆内府刻本。

(60) 何兹全：《中古时代之中国佛教寺院》，见何兹全主编：《五十年来汉唐佛教寺院经济研究》，21～24页，北京，北京师范大学出版社，1986。

(61) 白文固：《八十年代以来国内寺院经济研究述评》，载《世界宗教研究》，1998(2)。

(62) 何兹全：《佛教经律关于寺院财产的规定》，见何兹全主编：《五十年来汉唐佛教寺院经济研究》，143～144页，北京，北京师范大学出版社，1986。

(63) [法]谢和耐著，耿昇译：《中国5—10世纪的寺院经济》，118～119页，上海，上海古籍出版社，2004。

(64) 同上书，120页。

(65) 《讽谏今上破鲜于叔明、令狐峘等请试僧尼并不许交易书并批答》，见唐耕耦、陆宏基编：《敦煌社会经济文献真迹释录(第四辑)》，318页，北京，全国图书馆文献缩微复制中心，1990。

(66) 黄敏枝：《宋代佛教社会经济史论集》，台北，学生书局，1989。

(67) (晋)陶潜：《搜神后记》卷一，2页上，明崇祯津逮祕书本。

(68) (宋)李昉等：《太平御览》卷四十一《地部六·天台山》，2页下，清嘉庆仿宋刻本。

(69) 锐声：《"谷皮"是什么?》，载《语文建设》，1993(12)。

(70) (宋)赞宁：《宋高僧传》卷十《唐天台山佛窟岩遗则传八》，210页，上海，上海古籍出版社，2014。

(71) 魏斌：《"不死之福庭"：天台山的信仰想象与寺馆起源》，见《"山中"的六朝史》，138～176页，北京，生活·读书·新知三联书店，2019。

(72) 《梁书》卷三《武帝本纪下》，86～87页，北京，中华书局，1973。

⑦ (南朝宋)刘庆义著，(南朝梁)刘孝标注：《世说新语》卷下之下《排调第二十五》，332页，上海，上海古籍出版社，2013。

⑦ (南朝梁)释慧皎：《高僧传》卷四《竺潜深传》，大正新修大藏经本。

⑦ (唐)徐灵府：《天台山记》，4页，杭州，浙江大学出版社，2010。

⑦ (南朝)陶景弘：《真诰》卷二，93页上，清嘉庆道藏辑要本。

⑦ (唐)徐灵府：《天台山记》，3页，杭州，浙江大学出版社，2010。

⑦ 同上书，6页。

⑦ (清)胡聘之：《山右石刻丛编》卷十一，30页下～31页下，太原，山西人民出版社，1988。

⑧ (清)胡聘之：《山右石刻丛编》卷十六，32页上，太原，山西人民出版社，1988。

⑧ (清)王昶：《金石萃编》卷八十三《唐四十三》，7页下，北京，中国书店，1985。

⑧ 俞苗荣、龚天力主编：《绍兴图书馆馆藏地方碑拓选(上)》，22～23页，杭州，西泠印社出版社，2007。

⑧ 游彪：《关于宋代寺院、僧尼的赋役问题》，载《中国经济史研究》，1990(1)。

结界与经界

　　然虽施主舍过物业未系资税，于己未岁五月内蒙本县晓示，许人请首山撬，此时抱状诣厅，陈请山桙，下都打量，壹佰伍拾亩永归常住，逐年送资税，其有界至具在于后：东至大坑直上水源为界，南至旧庵分界，西至洋梵岭及兴福院分水为界，北至山脊为界。永为摽记，以示见闻。[①]

——《正真院记》碑阴

东南山场产业的官方登记,最晚在北宋末年有确切记载。北宋推行方田均税法时,曾规定"瘠卤不毛听占佃,众得樵采,不为家业之数,众户殖利山林、陂塘、道路、沟河、坟墓、荒地皆不许税"②。但临海县东乡的正真院,在政和元年(1111)明确界至并刻碑记录,其背景正是官府晓谕要求登记纳税。《正真院记》碑阴的这段文字说,这块包括山场和山田在内的产业,由施主施舍,之前并未登记过税,现在根据县里的要求报税,在登记程序中被"打量",也就是测丈,因此不仅记载有四至,还有面积亩数,甚至在当时还应该有图画。

这通碑记在阮元《两浙金石志》中也有著录,作《宋正直院碑·碑阴》。③黄瑞在编撰《台州金石录》时曾有参考，并根据拓本对前者进行过校注，认为院名"正直"应为"正真"，因此题为《正真院结界记》。黄瑞将此命名为"结界碑"是非常奇怪的。佛教中的"结界"是指"建伽蓝或作戒坛行一种之作法，而定其区域境界"④，此碑文通篇并无一语有关"结界"，而只记有寺院山田产业的打量、登记和界址，如名为"经界"还稍为合理一些。

《台州金石录》并不是唯一将宋碑中的"结界"和"经界"混淆的例子。严观《江宁金石记》录乾符四年（877）《崇明寺残碑》，认为"读其文盖纪界址之四至"。但根据残存的录文"（上缺）乾符四年九月内结戒依旧。从三门中限向（下缺二行）字成后篱西北角为界转北止寺门东（下缺三行）阇梨唱相都维那……"⑤，这无疑是一通结界碑。

清代以后的金石学家，对佛教律典中的"结界"似乎很陌生，时常将结界碑与界至碑相提并论。例如，阮元在《明州桃源保安院大界相碑并序》中以为"界相即地形变文"⑥。叶昌炽《语石》在"界至"条下，论其所见所收各类"界碑"："一曰界至，癸巳甲午间莒州新出汉碑，四面刻字，隶书古拙，剥泐过半，即其词句相属者绅绎之，盖经界碑也，释氏谓之'大界相'。"叶昌炽也论及明州保（宝）安院大界相碑，并说："阮文达云'"界相"即"地形"变文'，余谓此是禅家语，质言之则四至而已矣。"他又以元代几通寺院四至碑为例，说："大旨皆具列东、西、南、北所至之地，但分四柱直叙，非如界相为禅门之规律，盖一为世法一为出世法也。"叶昌炽虽然把"结界碑"和后来寺院的界至碑做了分辨，但又将它们归为一类，并且感叹："吾儒经营缔构，以视释氏，殆不如也。然释氏之学主于'观空'，山河大地，如梦幻，如泡影，观以上诸碑，安在其能'观空'邪！"⑦这就完全对"结界"做了世俗化的解读。后代士大夫、学者之所以有此类的联想和误解，背后透露出一种联系和历史变化的过程，不能不加注意和辨析。

一、作为山林寺院神圣空间的"界"

汉魏时期，佛教初传入中国，戒律没有系统译介，被称为中国佛教的"阙律时代"⑧。东晋法显译出《摩诃僧祇律》，其中即包含了对诸界的论说。⑨"界"构成僧伽能够遵从戒律规范进行各种活动的场域，其范围大小有的是在律中规定的，有的则需要行结界法，进行标识。此后，虽然《十诵律》《五分律》《四分律》等诸律中对"结界"的重要性和仪式都有较为系统的论述，但关于中国最早的结界法实践于何时，并没有确切的记载。《宋高僧传》中记元和年间（806—820）阆州龙兴寺结界，佛教界曾就结界法展开过一场大争论，衡岳寺昙清律师获胜，他关于结界的观点被绘制成图，广为流传。⑩

唐代寺院结界的记文流传下来很少。晚清金石学家叶昌炽、缪荃孙都曾提及一块唐永泰二年（766）的丰乐寺碑，叶昌炽记为《丰乐寺大界相碑》，录文有"从此住处大院墙东南内起，仍还至大院墙东南内角止"，年月之下云"结此寺大界"，末一行云"其日结此寺遍为蓝净"⑪。另外，南宋林希逸《重建昆山县广孝寺记》⑫和元代柳贯《上福龙山古迹记》曾记录他们所见的两块唐代结界碑，前者刻于会昌元年（841），后者刻于会昌壬戌（842）。据《上福龙山古迹记》："相传（甘露）寺之始建在穹岩窈谷间，固虺蛇之营窟而魑魅之橹巢也，自汤之□居者，初厌苦之，后用持咒结界法，对树三碑门内，四面刻佛说大悲心大佛顶尊胜如意陀罗尼其上，籍是神功，而魑魅虺蛇之迹绝矣。"⑬《丰乐寺大界相碑》和《上福龙山古迹记》中所记的两种结界，其做法和内涵都很不相同。前者是律宗结界中的"大界"，是"摄僧界"中"作法界"下的一类。但甘露寺的结界是密宗的做法，与律宗结界有根本的不同。因为密宗在唐末受到很大打击，在东南地区的影响较小，宋代东南佛寺的结界实践中起主要作用的还是律宗，尤其与南山律师的推动有关。

唐代道宣律师大力弘扬《四分律》，开创南山宗，成为后代律宗的主流。[14]根据《四分律》的记载，结界的目的是使僧人的活动能够"如法"，能够离罪。所谓界别有三：摄僧界、摄衣界、摄食界。[15]其中与本书讨论的山林寺院产权之界关系最大的是摄僧界中的"大界"。

结"大界"的目的，《四分律》说明是为"同一住处，同一说戒"[16]，"是为了要让说戒等僧事方便进行，让界内的现前僧均得以和集一处"[17]。结界之后，界内举行羯磨法、布萨说戒等仪式时，参加的僧众才不会因为有身处远方的僧人不及赶到而犯"别众罪"。[18]正因为如此，"大界"的范围虽然并不以僧伽蓝的范围为限，甚至可以广至百里，但实际上不可能过大。东南寺院的结界实践中，常常就围绕着寺院空间而结成大界。

结大界时须行"白二羯磨"的仪式，施法于空间之上，由此形成一道界线，构成一个场域。这个"界"并不是只存在于想象之中，结界的"界"都要有所依凭，这就是所谓"标"与"相"。律师对于哪些东西可以作为"界标"或"界相"有很多讨论。⑲作为界相的物品，如山、石、林树等，应当是不可移动的、容易识别的，具有确定性和一定的精确性。例如，"不得通指一山，妄充外相，致令寻求分齐不可得知"⑳。换言之，结界时指定界相、界标的目的，是通过这些物品（准确地说是物品中的一个面或一个点）连续成一条首尾相接的界线，由此圈定一个僧众作法行事成立的范围，这同时也是一个与外相隔的神圣空间。

以上是南山律学对"结界"的认识。道宣的再传弟子道岸将《四分律》传布到南方，至中晚唐，江南成为律学中心。也正是在此后，东南寺院的结界实践活动进入一个高峰。宋初著名的僧人孤山智圆（976—1022）尤其强调"结界"的重要性。㉑他兼修佛儒，陈寅恪认为"似亦于宋代新儒家为先觉"㉒。智圆文集《闲居编》中留有九篇结界记或界相榜序，另有一篇《结大界相回向》，至少涉及八座寺院的结界。智圆注意到，当时在东南各地寺院普遍没有结界，"有建仁祠佛屋仅百年而无结界者"㉓。在这八座寺院中，有六座是第一次结界，距离建寺短则四五十年，长则百余年。如华亭兴圣院乃邑人舍宅为寺，"自是郁为梵宇，六十七载于兹矣。而僧居自然之地，律范无施焉"㉔。只有两座寺院之前曾有结界。其中杭州法慧院虽有结界，但众人对于界相已经茫然不知："旧虽结界矣，而其榜不存，僧之耆艾者亦不知涯畔焉，而况于后进乎。……慈化大师曰仁永者嗟叹久之，遂请知律人集众旅席，解旧而结新焉。乃榜其标相，悬之显处，使后来者既识其封域。"㉕只有天台国清寺是因为"堂庑革故，坛场鼎新。由是四方之界，泊乎戒场之界，而标准俱易"，故而"解旧结新"㉖。由此可见，在北宋以前，东南地区的许多寺院并不热衷于结界一事。

这也不仅仅是孤山智圆的结界记文所反映的现象。《明州桃源保安院大界相碑并序》中写道，保安院创设于后周显德年间（954—960），近百年来均未有结界，"地犹自然，中间律法允无闻矣"㉗，直至此时才有结界立碑之举。海宁县长安镇觉王寺，后唐长兴四年（933）建，旧名正觉寺，山门佛典法堂僧房具备，"惟大界未结，尚存自然之地"。该寺方丈惟肃在嘉祐庚子（1060）就想要结界，但直到第二次出任该寺方丈时才付诸实践，此时距觉王寺初创已经过去150余年了。㉘

孤山智圆虽然倡导寺院结界，但是他本人并不是会行结界法的律师，他的结界文中经常提到的结界律师是被称为"悟公"或"择悟师"的择梧（悟）元羽。到了北宋中期，律宗在南方的影响继续扩大。律师昭庆允堪和灵芝元照在南山法脉中被尊为十三祖、十五祖，择悟元羽即允堪之师。㉙他们以杭州地区为中心传承和发展律学，影响及于天台山和明州等地。上述明州桃源保安院发愿结界的永丰上人，在自述结界想法的来源时就说，他"始学南山教"③⓪。

在推动寺院结界的律师中，灵芝元照最为活跃。他以天台宗旨注释四分律行事钞，撰成《四分律行事钞资持记》，其中就有《释结界篇》。但是与其他律师相比，元照最突出的特点是他积极倡导并主持了大量东南寺院的结界实践。政和元年（1111）上虞篆风镇《福圣院经界记》③①、盐官安国寺《法界相记》③②、上海县《明心寺结界碑》③③都署名为元照所撰。临海澄灵院结界记也署名是释元照所写："是记碑阴有结界记……末署余杭释元照。"③④除了这些寺院结界碑记，元照的《芝园集》中还记录了他曾到湖州归安东林祇园寺结界："予元祐中以结界之命，尝至此寺。"③⑤秀州《净业院结界记》记载，该寺的结界也是元照主持的："结界为证道之基。……秀州海盐净业院久为僧坊而界相不具。元照律师从众请以秉持法事，仪范既圆，属余为之记。"③⑥

几乎同时，在台州也有数篇结界文记录了当地佛寺的结界活动。《赤城志》中记载天台头陀庵有杨杰所撰的结界文㊲，州城巾子山上明庆塔院也有结界院记㊳。元祐七年(1092)罗适为临海县西南蒋山永乐院作记文，据《台州金石录》记载，《永乐院记》"碑阴刻结界文"，可惜未有录文。㊴《台州金石录》收录了元祐年间(1086—1094)杨杰撰文的《台州惠安院结界记》和《台州楞伽院结界记》。㊵两座寺院均初建于唐末，直到北宋元祐年间才行结界法。虽然两碑文字漫漶，但其中仍可识读"是年余杭元照律□□□□绍立界羯磨……"，这说明台州的结界活动仍与元照有关。

元照主持并推动寺院结界，在当时东南地区的佛教界产生了巨大的影响。据建炎二年(1128)《宝乘寺结界记》，宝乘寺自隋代以来三易其额，"而大界未标，方隅莫辨，僧徒居之，老死其间，不知几千百辈，扰扰毕世，住无法地"。

元符中，钱塘灵芝律师照公游锡本邑之宁国院，为结大界，道俗咸往，叹未曾有。其时宝乘寺主事僧义聪来率先子偕至宁国受菩萨戒，……且欲追宁国之辙，有请于照公。未几，照还钱塘，岁月荏苒，聪亦告老谢寺事，其志卒不就。后十许年，照示灭，凡郡城暨诸邑佛庙之界事皆寂寥无闻，加以兵火之余，干戈日寻，煨尽之墟，民靡奠居，虽方外衲子往往不复有安隐处，担裳重跰，散而之四方，惶惶若流民矣。[41]

这段记文描述了元照到新城（今杭州市新登镇）宁国院行结界法，吸引当地大量僧俗观礼，前往观礼的宝乘寺和尚也对结界心生向往。这也说明在元照推行结界时，各地其实通晓结界的律僧极少，结界在当时是一件新事物。而且文中也提及，随着元照的离去和战乱的影响，结界活动很快沉寂下来。

元朝以后，律宗衰微，佛教内部对结界的理解和做法也发生了变化。明代福州鼓山寺僧人元贤所著的《律学发轫》介绍结界一事时说：

> 比丘住处，先当结界。……结界者，当打楗椎集众，不与欲，先唱定四方界相，若山、若谷、若河、若田园、若村坊、若林木、若岩石等。然后作白二羯磨。当白云：大德僧听，今此住处东至（某）西至（某）南至（某）北至（某）……㊷

律宗对结界的"界相"非常重视，《四分律》论述结界仪式最详细、最关键的步骤就是"唱相"。道宣甚至认为《四分律》中唱四方相的做法所指范围不够严密，"先须东南角为始，周匝直指相当。《律》云'东方有山'等，若依东方而唱，至角曲回，则不分限齐。今行事者据易为之"㊸。相比而言，明代元贤所记的结界仪式不仅大大简化，还以东南西北四至确定寺院界相，这在唐宋的律宗戒律中是完全不合规矩的，在密宗结界方法中也不存在，它更像是受到了世俗以四至确定田宅界址做法的影响。

用"四至"的观念来理解结界中的"四方界相"，这在明代寺院立"大界相"碑的做法中也有体现。《杭州上天竺讲寺志》中记该寺有"大界相"刻石四处：

> 大界相：三钜书镌之石壁。按虎庵《住界志》云：不知某师禁足处。东在普门下，西在观堂后，南在云心巷，北在白云房后。㊹

上天竺讲寺的这四处"大界相"刻石是明代僧人住无相所立。㊺刻石于寺院东南西北四边的这种做法，与宋代将完整的唱相内容进行榜示的做法也不相同，大有将

"大界相"刻石用作界至的意味。

如前所述，律宗结界仪式本身并没有占产确权的意思，即结界的范围并不以无主土地或寺院所有的土地为限。但《佛说目连问戒律中五百轻重事》中曾特别提到，在聚落和聚落外俗人常作事处是不适合结界的，而在"王路"和"无主地"则可以结界：

> 问："结界得通王路结界否?"答："得。结界时，遣人两头断行人，然后结界。"问："无主地可得结界否? 答："得，便如郁单曰法。"⑯

所谓"郁单曰法"，指郁单曰洲的习惯。据称其洲人于所作事，皆无我所，没有私占的观念。由此也可以看到佛教对于无主土地的态度，结界并不创制世俗的"产权"，但它仍然是一种"占用"的宣示，特别是对无主地的"占用"。

不仅如此，事实上，北宋僧人在对"结界"的理解和表述中，就已经常常将佛教的"结界"与寺院界址的区划分界联系起来。这一点在兼通儒佛的孤山智圆那里体现得特别明显。他在《杭州法慧院结大界记》中就已经用了"不知涯畔""识其封域"[47]等语句说明结界与否的后果。他也多次将结界的界相说成的是寺院的"封域"或"界畔"[48]，"由结界则画分其方隅"[49]，"榜其标相，悬之显处，使后来者既识其封域"[50]。在《结大界相回向》文中，他又说：

> 某谨言：洪儒之治国也，置公侯则画野分邦，俾同遵于制度。我佛之出世也，立寺宇则随处结界，令咸禀于律仪。是以为邦国者制度不可亡，为伽蓝者律仪不可废。[51]

"治国"与"出世"、"画野分邦"与"随处结界"、"制度"与"律仪",这样一一对应的表述,既是为了强调"结界"的重要性,也赋予了"结界"一种世俗的、分划疆域的意味。

如果说,像孤山智圆这样的高僧在此只是用了一种类比的修辞方法,那么士大夫们对于结界的认识,就更加"世俗化"。例如,罗适《永乐院记》最后写道:"其院之畛域则记于碑阴"[52],这明显将"结界"视同为"院之畛域"了。杨杰更是在《台州敕惠安院结界记》中将佛家的"结界"和世俗的"经界"做了对比,他说:"在圣王之法,仁政始于经界,礼用和为贵,衣服为身章,君子远庖厨,而况沙门释子敢不敬遵乎。"[53]上述例子说明,早在北宋东南各地寺院流行结界时,士人和僧侣就已经有意无意地将佛教戒律中的"结界"与寺院地产空间的划定混同起来。

佛门僧侣还有用界相碑来定义寺院地产界址的行

为。南宋林希逸曾记述昆山县(今昆山市)广孝寺重建的过程。他说:

今吴之昆山有僧曰允亲者,得台宗之旨于印北峰,游历而归,思有所建立而未能也。宝祐中,因浚河茜泾,得石土中,有大字六,曰"崇庆寺大界相",旁有小字曰"会昌元年,僧兴远立"。他文磨灭不可读。亲喜曰:"此古寺基乎,吾得其地矣。寺之兴废固失其所传,其曰大界相云者,即画地之识也。"请于有司,易其名曰广孝。㉛

据这则故事,僧人允亲在苦于无地建寺时,也将偶然发现的结界碑作为寺院的"画地之识",作为向官府申请建寺的凭证。

二、南宋经界与寺观山场的登记

宋代以前，有关山场占断和定界的记录有两个特点，一是这类的记载几乎都是关于坟域或寺观山产的；二是极少有关于山税的记载。一些例子中涉及税收的文字，所针对的也大都是山场中被垦辟为田、地的部分。换言之，虽然此时山场的占用行为已经不少见，但山场还没有成为国家主动关注的征税对象。但南宋以后，东南山区进入加速开发的阶段。韩茂莉曾将东南丘陵作为一个地理单元，揭示了宋代这片区域山间盆地和梯田的发展。⑤此外，木材和经济作物的种植，矿业的开采，都使山场变成越来越令人瞩目的财源。

在山场加速开发的过程中，本来扎根山林的寺观也抢占了先机。前述东南寺院结界实践中，所结寺院"大界"主要是寺院的基址，其中包括筑于山中的寺院，也包括居于城邑的寺院。㊺与在城寺院多以院墙为结界范围不同，山林寺院的结界范围会扩及周边的草木山石，但基本仍在寺院基址周围，目前还没有发现用结界的办法圈占大范围山场的记载。南宋寺院所有的山场产业记录主要出现在地方志和寺院志中。其中少量和唐、北宋一样来自皇帝敕赐，如临安上天竺寺在嘉熙二年(1238)被敕赐"钱塘、仁和、富阳、临安山，每县一十五顷"㊿。私人施舍的山场数量很大，如明州奉化县(今宁波市奉化区)华严院住持僧将己有山场舍入寺院，"今住持僧无尽……族弟智德舍俗为僧，与之勠力。有蓬道奥山，绵亘三千亩，岗垄险绝，莽为盗区，僻在此山之西，德之己业也，至是舍入山中"㊽。此类私人施舍的山场，反过来说明山场产业的私有化过程其实在民间早已出现。

　　寺观僧人组织开发山场也以碑刻的形式被记录了下来。例如，淳熙二年(1175)天台山《福田庄碑记》记载了万年寺僧人在寺院附近开垦山田的过程：

吾观大舍之阳，罗汉之麓，泥淖之浱，去寺数里，两山阴阴，雪棘风林；夹径深深，老木千寻；伏虺匿蝮，行迈寒心。汝其屏除丛灌，攘剔芘朴，高可以艺，下可以殖。大舍之左，平田之东，洩瀑之上，去寺一舍，四山低回，不险既夷，土膏水深，原田每每，菅茅莽薴，风雨丛滋，汝其薙翳荟、刜蓊郁，可以经理沟塍，并画疆埸。[59]

　　这段文献描绘了寺院僧人初始将山林平整为地基和山田的过程。山中有密林深谷，也有相对平坦的洼地，但是开发它们都要经过艰巨的工程，有富家巨室的施助，有僧人"存施钱千缗为母以倡子，岁取赢焉"的经营，"因农隙广陇亩"，数年之后才得"尽为阡陌，高下封畛，棋布绮错"。[60]经过这样的苦心经营，对原始山林投入大量物力人力之后，寺院对这些山场的所有和权利意识建立起来。于是，僧人刊立福田庄碑以记其事。

山场资源的开发，使得寺观与民人（特别是官宦势力之家）之间的资源争夺加剧。宋代敕赐功德坟寺盛行，一些寺院原有的山场也以此种方式被私人占有。如隆兴元年（1163）贺允中请以天台县兴化院为本家坟寺，立苍山资福寺敕牒碑。敕牒中称贺允中称因除授参知政事，依例合得守坟寺额，所以踏逐到天台县兴化院，请求拨充本家坟寺，并且"寺内不许人权殡安葬，及不许官员诸色人作名目影占安下，仍依例免州县非时诸般科率、差使、借借"㊿。碑文开立有田地山塘的数字。这就将寺院连同其田山划归私人所有，原来寺院通过各种途径获得的产业，甚至权源不甚明确的山场，由此宣示了排他性的权利，并由敕牒构成书面证据。

陈淳（1159—1223）在《上傅寺丞论民间利病六条》中说福建漳州龙溪的情况也是如此：

环城诸寺尤为豪横，多买土居尊官为芘护，举院界址皆托名为土居尊官坟林，倚靠声势，酷毒村民。有拾界内一枝薪者，则以为斫坟林而吊打之；有牛马羊豕食界内一叶草者，则以为践坟庭而夺没之。村民受苦，无敢谁何。[62]

天台沙门思廉致书杜范，指责大臣们不为祖父捐财买山，而是夺僧蓝之地以为坟，且又影占寺院，"举寺中所有诸物而有之，今日发米，明日发茶笋，又明日发柴炭，又明日发竹木。甚至于月奉水陆之珍，一有亡僧，则必掩取其物，归之私帑。尝闻时贵之言曰：请过功德，一针一草皆我家之物"[63]。思廉请求各州县有司给帖住持，将之前被侵占的山场屋宇归还各寺。据黄敏枝的研究，思廉的呼吁并没有什么成效。[64]

一方面，寺观与俗众之间、寺观与寺观之间围绕山场及其资源的竞争愈演愈烈。另一方面，这种对界内山场所有资源的独占，强化了产权的观念，也推动了对山产界至、面积记录的精确化。

在西湖周边的山间，寺观遍布，较早就产生了很多确认寺产范围和产权归属的需求。北宋熙宁年间，灵隐寺和天竺寺就曾因飞来峰争讼数年。⑥《灵山志》记载："宋时定地界，以飞来峰之阳归天竺，飞来峰之阴属灵隐。"⑥黄溍作《南天竺崇恩演福寺记》云："杭之南山由雷峰讫龙井，其间浮屠之居四十有二，而传天台之学者，惟崇恩演福寺为最盛。"该寺在淳祐年间以葬贾贵妃而肇建，天台宗师圆庵果为开山，率其众入而居之，此后多有赐田降钱，景定以后"嗣领教事者，初岩鉴石庭生并赐紫衣加右衔，鉴义毒鼓声始奏蠲科徭而依律结界"。⑥在寺院建立的历史中，与"依律结界"（即按照佛教戒律而行结界法）同样重要的是"奏蠲科徭"，即在朝廷法律规定之下寺院产业登记的前提下，申请免除税粮徭役。

黄敏枝统计淳熙《三山志》卷十"版籍类垦田条"的史

料，她发现闽县寺山地与民户山地的比率达到 0.943，侯官县达到 0.622，淮安县达到 0.716，其他县份虽然低于 0.5，但寺山地与民户山地的比率普遍比寺田和民户田的比率要高。⑱她对台州、明州寺院产业的统计，也显示在寺院产业中，山占有更大的比例。《赤城志》记载三百多所台州寺院占有山产，占有 1000 亩以上山的寺院数量有 46 所，其中天台县的寺院常住山是最多的，有 71266 亩，每间寺院平均有近千亩的山，并且在山中开垦的田、地，还不在其内。⑲这些记载都来自嘉定《赤城志》的《版籍门》，也就是说，它们都是登记于国家田土册籍系统中的数字。换言之，在像台州这样经界推行较为得力的地区，很多山场在南宋后期已经登记课税。

与唐代、北宋的寺观山场记录不同，南宋这些山场都记载有亩数，而且一些记录的亩数还很具体，其坐落也与"都保"等乡里层级联系起来。如景定五年(1264)临安慧因高丽教寺被拨赐犯官田山产业，包括"章舜臣没籍柴山二段计一百五十三亩，坐落十七都。桐扣佛日寺西，拨赐御前高丽寺为业"。"本职遵禀指挥，除已将带合干人李庆等前诣地所，唤集都保严杲及元看山人王六一、王七十指引，逐一扦钉讫，取到高丽寺交领文状。在前所有自余田产，见系长安镇官自行扦钉外，一段六十亩坐落姚花尖峰，东至吕进山，西至太乙宫，南至水漤，北至姚花尖峰。其山上有松树杂柴草。"⑦这些没收的山场，在拨付给寺院时，履行了官府派员踏勘、定界，并给以"公据"的程序。山场的四至、亩数等也都一一确定。这虽然是针对籍没山场的经界，但其程序，包括参与的人员等，都与田土的经界是一样的。

关于南宋田土经界，学界有相当多的研究⑦，但对于经界中的田土和山林之别却少有关注。从现有资料来看，在经界法推行过程中，与田土一样，部分具有经济价值的山场，也进入国家赋税登记的系统，包括山场和在山场中开垦的田地，其产权归属和界址范围也就有了官方登记，这个结果对东南山区产生了深远的影响。

仙居县"彭溪山在台州仙居县庆云乡三十五都，周回十里，号曰官山，龙湫形胜之所，樵采植利之地"，随着越来越多的人入山开垦山田，出现了所谓"奸民争佃"，知县将该山划作"学业"，立学租簿：

> 照得彭溪山赡学租户章王土等四十六户，年纳租钱一……未曾标迁地段，切虑后日佃户妄以有租无业为名，渐致不伏送纳学租，兼其间民户续将学业官……作己业打量，不伏送纳□□，辄以植利形胜山为词，经州妄行陈诉，参照朝省行下，修复经界，应有……采去处，不起税色，亦不打量，优润细民外，其有民户将学业开垦成田及转卖豪家，既无干照自合照……干照，如系曾经绍兴经界，附载砧基，许作己业管佃。如系绍兴经界以后新开之田，不曾起税，既合……

这篇碑文多处漫漶，无法通读，但其大意是清楚的。当一处山场被陆续垦殖之后，对于其中的山林、山田的产权、佃权，都需要清理明确。仙居县的做法是以绍兴经界为断，此前经过经界已登记为私产的，以砧基簿为凭据，承认私人的产权；而没有砧基簿的新开山田以及未开垦的山场都属于学宫官产，重新进行登记，并发给砧基。碑文最后记录了山界四至和亩数：

山之界至……岩北至寒岩普胜院外彭溪坑山，东至临海县界，南至彭溪源口，西至王师坑，北至形胜山，总山之亩步，学业□地……钱一百二十贯六百九十二文足，植利山二千四百亩，形胜山一千一百八十亩。⑫

这个例子也典型地反映了在山场纠纷中，经过官府的经界，确定边界，并区分山的种类（植利山、形胜山），进行官方登记的过程。

概言之，山区开发、寺院和民人山居的增加，都带来了山场确权的需求，而南宋东南各州县开展的经界，至少部分涉及了山场。山，迅速成为征税的对象，同时也就使得山的私占私有获得了某种来自官方的确认，在赋税册籍系统中留下了凭证。这可以说是山场确权史上的关键事件，不管是对寺观山场还是对民人山产，都是如此。

三、积步与税亩：山业记录中的界址和面积

中国古代典籍中向来不乏山的高广数字。如南朝刘宋孙诜在《临海记》中写道："天台山超然秀出，山有八重，视之如一帆，高一万八千丈，周回八百里。又有飞泉悬流，千丈似布。"[73]这段话在后世的志书中一直被承

袭沿用，但其中的高广数目是一个虚数，和更著名的李白《梦游天姥吟留别》中的"天台四万八千丈"一样，是文学上夸张的表述，不能作为对山的客观记录来看。南宋以后，山场登记和经界中出现了有实际意义的山产数字，其中又可以分为两类，即积步与税亩。这些在契约和赋役册籍中都有体现。

经界在山产的定义、表述方式以及产权凭证方面都留下了痕迹。以契约为例，徽州契约中卖山契的数量很多。因为茶叶的种植，徽州的山场最晚在唐代后期就已经开始人工开发。咸通三年（862）歙州司马张途作《祁门县新修阊门溪记》称："邑之编籍民五千四百余户，其疆境亦不为小。山多而田少，水清而地沃。山且植茗，高下无遗土。千里之内，业于茶者七八矣。由是给衣食，供赋役，悉恃此。"[74]在这种高密度的山场垦殖中，确权的需求就会产生划界、定界活动。而且徽州在唐末和南唐作为割据政权重要的补给地，开始推行民田物产的检校，课税甚繁，并延及宋代。但因为在南宋以前，这里还没有经界的记录，所以这些山场的权属和界至，也没有官方档案的记录。目前也并没有唐代和北宋的徽州山契可以参考。

现存公开出版的最早的一份卖山契是南宋嘉定八年(1215)祁门县吴拱卖山契约：

录白附：产户吴拱，祖伸，户有祖坟山一片，在义成都/四保，扬字号，倾七山后坞，贰拾柒号，尚山。在坟后高/山，见作熟地一段，内取叁角，今将出卖与朱元兴。系拱/分，并买弟捍等分，共计一半，计价钱官会陆贯省。/其山地东止高尖降及三保界，西止坟后/山，北降（北界及南界均模糊不能辨认）。元买倾七山长墙为界，已圮。今从卖后，一任/朱元兴闻官受税，锄作，变种杉苗为业。如有外/人栏占，并是拱自祗当，不及受产人之事。

所有本/户元买张敏中并弟捍等官印亲契，共计贰道，/一并缴付朱元兴执照。其契内别有照使，拱即不别立领，/于朱元兴名下领去。今恐人心无信，立此卖契为据。/

嘉定捌年四月初一日。/

吴拱(押)/

今于契后批领：倾七山后坞高山山地价钱前去足讫，/并无少欠。今于契后批领为照。同前年月　日。吴拱(押)/

助押契人黄德和(押)/⑦⑤

　　种植杉木经济林是南宋徽州山场的主要利用方式之一，范成大曾说："休宁山中宜杉，土人稀作田，多以种杉为业。"⑦⑥杉木种植使得山的经济价值提升，山场确权和界址的精确化，成为更迫切的要求。上述嘉定八年的契约就是从一处坟山中划出一块，出卖给买主种杉使用的。这处"坟山"的信息完整："在义成都四保，扬字号，倾七山后坞，贰拾柒号，尚山。"这一串信息包括山场所在的都保、登记字号，以及在赋税中的科则，是来自官方地籍档案的记录。据学者研究，宋代用字号标记田地，最早见于北宋宣和年间（1119—1125），浙西州县打量步亩时，就"每围以千字文为号，置簿拘籍"⑰。南宋晚期的地方经界中，土地字号的使用已经很普及。⑱卖山契中的信息说明，经界、登记后的山场，也同样被分配以字号。

　　这份契约记录所出卖的部分，"在坟后高山，见作熟地一段，内取叁角"。坟山整体的面积和四至情况在契约中没有记录，所记录的是这片出卖的"熟地"的亩分和四至。这块山地共"三角"。"角"是步田之法所用的计量单位，五尺以为步，六十步以为角，四角以为亩。这件契约的整套山地四至表述中，既有自然山形标识，也有人工修筑的坟、墙，还有"保界"。

南宋经过经界、被登记入官方册籍的山场只占东南山场很少的一部分，即便在徽州也只多见于祁门县。大量的山场仍然没有字号、亩数，它们可能在村民日常的管业经营中只以土名、四至界定范围，然后在各自陆续升科、报税的过程中，才登记有字号和亩数，而这些面积数字，绝大部分是由业主陈报而未经勘丈的。黄忠鑫在上海图书馆发现的民国钞本《富溪程氏祖训家规封邱渊源合编》[79]中保存了南宋多种文书，其中《高岭祖茔渊源录》下录有《买余监税山契》：

　　余监税干人郑泰今奉本官，有山一段在九都崇化乡土名高岭里邵大坞口北头山二坞，东至大降，西至本宅山脚黄土穴横过郑悔出卖地为界，南至徐百三祖坟后陇水流归内，北至上至陇分水及至郑公佐山，下至及郑悔出卖地。四至内山地出卖与休宁程学正名下，取价钱官会三百贯文，其官会当日交

领足讫，即无少欠分文，别不立领文字。其山一任
迁作风水使用，今从卖后，如有人拦占，自在卖主
抵挡，不及买人之事，今立契为据。

　　嘉定十五年二月 业主余监税 契 汪氏 干人 郑泰
代书郑远 价钱二百卅一贯文 朱批

　　这处坟山位于衢州路开化县崇化乡九都，与同一时
期徽州山契中对山的记录不同，这片山只以四至、土名
定位，没有出现字号和亩数，这可能说明在嘉定十五年
(1222)买卖时，它还没有经界、登记。这处山产在宝庆
元年(1225)乞请割税立户，登录进"程竹山知县户"内，
"宝庆元年立房州竹山程知县户收税十亩输官。每年系
守坟人力刘四二收苗利自行输纳"⑩。户贴抄件中对山产
的记载很简单："一，割余监税户坟边茆山一十亩。"㉛
"一十亩"这个数字并未出现在前面的买卖契约中，而是
立户贴时供报的。但并没有证据证明，其时有官府对该

山进行过丈量。即便到了景定五年(1264),全国推行经界推排法,根据周曲洋的研究,这次也并没有实行丈量。⑧

咸淳二年(1266)《坟仆供报屋产状》中记载上述"茆山乙段":

> 一元买余监税茆山乙段,土名高岭里邵大坞北头山二坞,见系刘四二看守,养木植,荫坟穴,山元收税拾亩。东至大降,西至本宅山脚黄土穴横过郑悔出卖地为界,南至徐百三祖坟陇水归内者,北上至陇分水及至郑公佐山,下及郑悔出卖地。一本官程知县兄十五宣议安葬前项山地内。咸淳二年正月　日 具供人刘四二　状

《坟仆供报屋产状》中对山产的表述抄录了嘉定十五年契约中的土名、四至,并记录了"元收税拾亩"的信

息。这也说明，户贴中的"一十亩"并非山林实际的几何面积，而是一个计税亩数。

综上所述，南宋以后，不论是契约、碑记还是地方志中都留下了山的亩数记录。但这些数字实际可以分为"积步"和"税亩"两种。"亩""角""步"是"积步"的单位。事实上，早在唐代的手实、籍帐中已经用亩步、四至来记录家户的田产。在前述南宋卖山契约中的小块山地也有积步的面积数字。同类材料在南宋地方志中也屡有所见。例如，开庆《四明续志》卷四《广惠院田租总数》中记录有两处山租：象山县"谢元五等山三亩三角一十步，租钱七百五十文足"㉝；奉化县"僧善皎山三角，租钱五百文足"㉞。这说明至少对小片山场、山地，此时已经有以丈量为基础的面积记录。

但地方志中更多记载的是山的"税亩"数字。景定《严州续志》载，宝祐戊午（1258）知州谢奕中奏请修明经界之旧，建德县"坊郭基地以丈计得三万三千八百六十四，田以亩计得十三万一千六百三十五，山若桑牧之地以亩计得五十四万五千二百九十七，石岩云雾地之不均税者在外。物力：坊郭基地以三等均数计物力三万一千一百七十二贯有奇，田山桑牧之地，为等不一，计物力七十七万四百四十八贯有奇，总计八十万一千六百二十贯有奇"㉟。至顺《镇江志》载："（濂溪）书院有宋咸淳八年三月镇江府印押砧基簿，计田一千三百六亩，地三百七十七亩，松山一百二亩，山八十五亩。"㊱这些田、地、山的亩数都直接与赋税挂钩，更有可能是"税亩"。

"积步为丈量所得，是土地几何面积，税亩据'步亩则例'换算而来，是承担赋税的土地面积单位。"㊲理论上说，这些税亩应该是由"积步"换算而来。兰溪县（今兰溪市）南宋经界登记中区分了田、山各类，其中"山桑一万七千九百三十三亩三角十八步半"，"桐果木一万五千六百九十九亩二角五步"，"柴山五十万八千九百三十五亩三十八步"㊳，等等。从记录单位来看，这些就是山的积步数字。我们目前还不太清楚这种以县为单位的、大规模的山场面积数字是如何得到的，是否来自每户山数字的总和，以及这些数字是得自实际的丈量，还是由税亩数字倒推而来的。

南宋经界步骤中与测丈问题有关的"打量"一词，学界多有讨论。尚平认为南宋的砧基簿与以往产税籍册最大的不同，就是对土地的登记采用了打量画图的办法[89]，这个说法得到了戴建国的认可。但"打量画图"的具体做法如何？何炳棣从文献记载做了考证，他的主要观点是：第一，南宋经界的原则和基础其实还是业主"自实自绘"："所谓的'画图'实在是田主自绘的丘块示意图，图上要有田主和都保等负责人员的押字，还要注明亩角数字、四至、地势、肥瘦、税率和税额。这些由田主自绘的图页，集合起来，就构成所谓的'草图'。"官府只是在必要时加以调整。第二，即便是这样的"打量画图"，也只是在李椿年负责的两浙路四十县得到了执行。其他地区的经界都是用简易的"自实""推排法"，并没有"打量画图"。⑨南宋末年，潜说友在建德经界，"曾不期月而九乡二十一都各以其籍来上，乃视乡分广狭，计物力多寡，裁其溢而核其亏，因其轻而革其重"⑨。这样"经界"的主要目的是调整、均平赋役。就像何炳棣所说，"南宋朝野所真正关切的是税率和税额，而绝不是精确的农田面积数字"⑨。

田土的情况是这样，山场的"打量"就更是如此。两浙路地区多山，山场在民众产业中有较为重要的地位，用"自实"的办法进行的经界、产税登记，其中必然包括有一部分山产。与平坦的田地相比，山的经界在技术上较难，但并不是不能进行的。李又曦曾利用《云麓漫钞》的资料，对十种形状的土地的经界计亩方法做了详细的论述。⑨近年来，吕变庭考察杨辉《田亩比类乘除捷法》中保存的《台州量田图》和《台州黄岩县围量田图》，认为这些小块、不规则田亩的计算方法，就是针对南方山地而出现的。㉞但是如前所述，这些登记为山的亩步数字，至少包括两类：一类已经开垦为山地或山田的形态，它们中的一部分，的确用上述量田法进行过丈量，有确切的积步，它们的面积一般都较小。另一类较大数目的山场亩数，其实是没有经过丈量的估算数字，或者至少这种丈量并不是用弓尺度量的方式完成的。这在明清以后的文献中也有反映，安徽歙县《清顺治三年丈量条例》中说："歙居万山，高下不等，低山可量丈，如北乡十三都、南乡卅都、卅二都，多属高山，山巅险峻，不能开弓，向系喝数为亩。"㉟这种通过"喝丈"的办法所记录下来的数字，是很难重丈、复核的。因此，尽管经过南宋经界，东南的部分山场有了四至、亩数和字号，但这些以赋役征派为目的的地籍信息对于山场确权究竟能起到什么作用，还需要在纠纷和诉讼案件中去检验，还需要对这些赋役册籍和争讼史料做进一步的研究。

注　释

①　（清）黄瑞：《台州金石录》卷四，14 页上，北京，文物出版社，1983。黄瑞著录这篇碑记名为《正真院结界记》显然有误。

②　（宋）李焘：《续资治通鉴长编》卷二百三十七，5783 页，北京，中华书局，1986。

③　（清）阮元主编：《两浙金石志》卷七，156～158 页，杭州，浙江古籍出版社，2012。

④　丁福保：《佛学大辞典》，1135 页，北京，文物出版社，1984。

⑤　（清）严观：《江宁金石记》卷二，23 页下，清嘉庆九年赐书堂刻本。

⑥　（清）阮元主编：《两浙金石志》卷五，117 页，杭州，浙江古籍出版社，2012。

⑦　（清）叶昌炽：《语石》卷三，109～111 页，杭州，浙江大学出版社，2018。

⑧　王建光：《中国律宗通史》，34 页，南京，凤凰出版社，2008。

⑨　关于律宗"界"的类别和意义，可参见释昭慧：《论毗尼中的场域（界）规范——以法藏部"摄僧界"为主》，载《玄奘学报》，2000(1)。

⑩　（宋）赞宁：《宋高僧传》卷十五《唐衡岳寺昙清传》，376 页，北京，中华书局，1987。

⑪　（清）叶昌炽：《语石》卷三，110 页，杭州，浙江大学出版社，2018。

⑫　（宋）林希逸：《鬳斋续集》卷十，9 页下～11 页上，清南阳钞本。

⑬　天启《慈溪县志》卷十五，3 页下～4 页上。

⑭　严耀中：《佛教戒律与中国社会》，58 页，上海，上海古籍出版社，2007。

⑮　（唐）道宣：《四分律删补随机羯磨疏》，见《大正新修大藏经》第四十卷，494 页，台北，财团法人佛陀教育基金会，1990。

⑯　（姚秦）罽宾三藏佛陀耶舍、竺佛念等译：《四分律》，见《大正新修

大藏经》第二十二卷，819页，台北，财团法人佛陀教育基金会，1990。

⑰ 释昭慧：《论毗尼中的场域（界）规范——以法藏部"摄僧界"为主》，载《玄奘学报》，2000(1)。

⑱ [日]平川彰著，白晓译：《僧伽的仪式》，载《法音》，1981(4)。

⑲ (唐)道宣：《四分律删繁补阙行事钞》，见《大正新修大藏经》第四十卷，15页，台北，财团法人佛陀教育基金会，1990。

⑳ 同上书，14页。

㉑ 关于智圆文集中结界文献的研究，见韩剑英：《宋学先觉孤山智圆思想研究》，137~141页，北京，中国社会科学出版社，2016。

㉒ 陈寅恪：《冯友兰中国哲学史下册审查报告》，见《金明馆丛稿二编》，252页，上海，上海古籍出版社，1980。

㉓ (宋)释智圆：《闲居编第十三·华亭兴圣院界相榜序》，见董平主编：《杭州佛教文献集萃(第一辑)》第4册，2116页，北京，宗教文化出版社，2016。

㉔ 同上书，2116页。

㉕ (宋)释智圆：《闲居编第三十一·杭州法慧院结大界记》，见董平主编：《杭州佛教文献集萃(第一辑)》第4册，2194~2195页，北京，宗教文化出版社，2016。

㉖ (宋)释智圆：《闲居编第三十一·天台国清寺重结大界序》，见董平主编：《杭州佛教文献集萃(第一辑)》第4册，2194页，北京，宗教文化出版社，2016。

㉗ (清)阮元主编：《两浙金石志》卷五，116页，杭州，浙江古籍出版社，2012。

㉘ 嘉靖《海宁县志》卷三，17页上，清光绪重刊本。

㉙ 温金玉：《中国律学源流》，载《五台山研究》，1993(4)。

㉚ (清)阮元主编：《两浙金石志》卷五，116页，杭州，浙江古籍出版社，2012。

㉛ 此篇在光绪《上虞县志》录作"《福圣院结界记》"(卷三十七，19页

上）；在清人吴式芬所撰《金石汇目·分编》中录作"政和七年《宋福圣院经界记》"（卷七补遗，15页下）。

㉜　成化《杭州府志》卷五十二，4页上～下；亦见于民国《海宁州志稿》卷十九，20页上～22页下。

㉝　同治《上海县志》卷二十七，32页下。另有空相寺大界碑，元丰三年立。

㉞　《澄灵院记断碑(附碑阴结界记)》，见民国《台州府志》卷八十六《金石考二》，5页下。澄灵院在临海东南六十里，《台州金石录》卷三有《澄灵院记残石》一则，《澄灵院结界记》一则。澄灵院记残石碑立于康定二年(1041)，《澄灵院结界记》应晚于碑阳《澄灵院记》的刊刻，其正文未录。见(清)黄瑞：《台州金石录》卷三，1页上～下，北京，文物出版社，1983。

㉟　(宋)元照：《芝园集》，见董平主编：《杭州佛教文献集萃(第一辑)》第6册，3359页，北京，宗教文化出版社，2016。

㊱　至元《嘉禾志》卷二十三，12页下～13页下，文渊阁四库全书本。

㊲　嘉定《赤城志》卷二十八，29页上～下，明弘治刻本。

㊳　嘉定《赤城志》卷二十七，7页下，明弘治刻本。

㊴　(清)黄瑞：《台州金石录·阙访二》，7页下，北京，文物出版社，1983。

㊵　(清)黄瑞：《台州金石录》卷三，12页上～17页下，北京，文物出版社，1983。

㊶　万历《新城县志》卷四，18页下～19页下，清钞本。

㊷　(明)元贤述：《律学发轫》，见《新编卍续藏经》第106册，939页，台北，新文丰出版有限公司，1993。

㊸　(唐)道宣撰述：《四分律删补补阙行事钞》，见《大正新修大藏经》第四十卷，15页，台北，财团法人佛陀教育基金会，1990。

㊹　(明)释广宾：《杭州上天竺讲寺志》卷八《道场规制品·建置》，4页下，杭州，西泠印社出版社，2015。

㊺　(明)释广宾：《杭州上天竺讲寺志》卷五《尊宿主持品·别传》，5

页下，杭州，西泠印社出版社，2015。

㊻ 东晋《佛说目连问戒律中五百轻重事经》(失译人名)，见《大正新修大藏经》第二十四卷，974 页，台北，财团法人佛陀教育基金会，1990。

㊼ (宋)释智圆：《闲居编第三十一·杭州法慧院结大界记》，见董平主编：《杭州佛教文献集萃(第一辑)》第 4 册，2194～2195 页，北京，宗教文化出版社，2016。

㊽ (宋)释智圆：《闲居编第十三·孤山玛瑙院界相榜序》，见董平主编：《杭州佛教文献集萃(第一辑)》第 4 册，2115 页，北京，宗教文化出版社，2016。

㊾ (宋)释智圆：《闲居编第十三·宁海军真觉界相序》，见董平主编：《杭州佛教文献集萃(第一辑)》第 4 册，2117 页，北京，宗教文化出版社，2016。

㊿ (宋)释智圆：《闲居编第三十一·杭州法慧院结大界记》，见董平主编：《杭州佛教文献集萃(第一辑)》第 4 册，2195 页，北京，宗教文化出版社，2016。

(51) (宋)释智圆：《闲居编第三十六·结大界相回向》，见董平主编：《杭州佛教文献集萃(第一辑)》第 4 册，2115 页，北京，宗教文化出版社，2016。

(52) 嘉定《赤城志》卷二十九，11 页下，明弘治刻本。

(53) (清)黄瑞：《台州金石录》卷三，12 页下～13 页上，北京，文物出版社，1983。

(54) (宋)林希逸：《鬳斋续集》卷十，9 页下～10 页上，清南阳钞本。

(55) 韩茂莉：《宋代东南丘陵地区的农业开发》，载《农业考古》，1993(3)。

(56) 《行事钞》所定的唱相法如下："立唱云：'大德僧听！我比丘为僧唱四方大界相。从东南角枣树直西至西南角桑树，从此北行至西北角柳树，从此东出至东北角榆树，从此南来还至东南角枣树，此是大界外相。'"如果是城邑中有院墙的寺院，其结界唱相如下："后云：'从寺外院墙东南角内角，旁墙西下，至南门东颊北土棱；随屈曲南出至门阃里棱旁土阃……'。"(唐)道宣撰述：《四分律删补补阙行事钞》，见《大正新修大藏经》第四十卷，15 页，台北，财团法人佛陀教育基金会，1990。

㊗　(明)释广宾：《杭州上天竺讲寺志》卷十《器界庄严品·版籍》，16页上，杭州，西泠印社出版社，2015。

㊘　(宋)楼钥：《攻媿集》卷五十七《安岩华严院记》，10 页下～11 页上，文渊阁四库全书本。

㊙　(宋)丁元：《福田庄碑记》，见(清)张联元辑：《天台山全志》卷十一，355～356 页，上海，上海古籍出版社，2016。

⑥　同上书，356 页。

⑥　(清)阮元主编：《两浙金石志》卷九，212 页，杭州，浙江古籍出版社，2012。

⑥　(宋)陈淳：《北溪大全集》卷四十七，8 页上～下，文渊阁四库全书本。

⑥　(宋)志磐：《佛祖统纪》卷四十九，见《大正新修大藏经》第四十九卷，431 页，台北，财团法人佛陀教育基金会，1990。

⑥　黄敏枝：《宋代佛教社会经济史论集》，259 页，台北，学生书局，1989。

⑥　(清)管庭芬等：《天竺山志》卷十三，352～353 页，杭州，杭州出版社，2007。

⑥　(清)管庭芬等：《天竺山志》卷四，57 页，杭州，杭州出版社，2007。

⑥　(元)黄溍：《金华黄先生文集》卷十二《南天竺崇恩演福寺记》，16页上，元钞本。

⑥　黄敏枝：《宋代佛教社会经济史论集》，122 页，台北，学生书局，1989。

⑥　同上书，172 页。

⑦　(明)李飞侯纂辑：《慧因寺志》卷七，3 页下，清光绪七年杭州丁

氏重刊本。

○71 何炳棣：《南宋至今土地数字的考释和评价(上、下)》,载《中国社会科学》,1985(2-3)。王德毅：《李椿年与南宋土地经界》,见陈国栋、罗彤华主编：《经济脉动》,164~192 页,北京,中国大百科全书出版社,2005。梁庚尧：《经界与推排》,见《南宋的农村经济》,台北,联经出版事业公司,1984。戴建国：《宋代赋役征差簿帐制度考述》,载《历史研究》,2016(3)。

○72 光绪《仙居志》卷二十二《古迹志下·金石下·宋修复彭溪山学业始末记》,1 页上~3 页下。

○73 (宋)李昉：《太平御览》卷四十一《地部六·天台山》,2 页上,清嘉庆仿宋刻本。

○74 (宋)李昉：《文苑英华》卷八百十三,4296 页,北京,中华书局,1966。

○75 此处引文据鲁西奇：《中国古代买地券研究》,514~515 页,厦门,厦门大学出版社,2014。

○76 (宋)范成大：《骖鸾录》,见《范成大笔记六种》,45 页,北京,中华书局,2002。

○77 (清)徐松：《宋会要辑稿·食货六三·农田杂录》,4818 页,北京,中华书局,1997。

○78 周曲洋：《量田计户：宋代二税计征相关文书研究》,博士学位论文,中国人民大学,2017。

○79 黄忠鑫：《在政区与社区之间——明清都图里甲体系与徽州社会》,博士学位论文,复旦大学,2013。

○80 《摘抄中书公官印支书内载高岭坟产事目(宋景定五年甲子六月二日请官钤印)》,见《富溪程氏祖训家规封邱渊源合编》,上海图书馆藏。

○81 《立程竹山知县户贴》,见《富溪程氏祖训家规封邱渊源合编》,上海图书馆藏。

○82 周曲洋根据这份文书中的《开化县给付坟仆自承由帖》与《坟仆供报

屋产状》推测，推排法是由"诸都团结保甲"将"自承由子"发给民户，令民户依式样填写，开具户内产业、税数，制作草由(即草本)，并由都保审实保明后，换给真由(正本)，供民户收执。周曲洋：《量田计户：宋代二税计征相关文书研究》，72页，博士学位论文，中国人民大学，2017。

㉝ 开庆《四明续志》卷四，39页上。

㉞ 同上书，37页上。

㉟ 景定《严州续志》卷二，14页下～15页上。

㊱ 至顺《镇江志》卷十一，33页下。

㊲ 汪庆元：《清代徽州鱼鳞图册研究》，387页，合肥，安徽教育出版社，2017。

㊳ 万历《兰溪县志》卷一，17页上～下。

㊴ 尚平：《南宋砧基簿与鱼鳞图册的关系》，载《史学月刊》，2007(6)。

㊵ 何炳棣：《南宋至今土地数字的考释和评价(上)》，载《中国社会科学》，1985(2)。

㊶ (宋)潜说友：《建德县经界图籍序》，见雍正《浙江通志》卷二百六十三，21页上。

㊷ 何炳棣：《南宋至今土地数字的考释和评价(上)》，载《中国社会科学》，1985(2)。

㊸ 李又曦：《两宋农村经济状况与土地政策》，载《文化建设月刊》，第2卷，第2期，1935。

㊹ 吕变庭：《杨辉算书与南宋社会经济诸关系初探》，载《中国社会经济史研究》，2014(1)。

㊺ 叶拙园：《明清两朝丈量田亩条例》，1937年歙县集成书局本。转引自汪庆元：《清代徽州鱼鳞图册研究》附录三，485页，合肥，安徽教育出版社，2017。

争山争界

　　洪武二十年命国子生武淳等分行州县，随粮定区。区设粮长四人，量度田亩方圆，次以字号，悉书主名及田之丈尺，编类为册，状如鱼鳞，号曰鱼鳞图册。……鱼鳞图册以土田为主，诸原坂、坟衍、下隰、沃瘠、沙卤之别毕具。鱼鳞册为经，土田之讼质焉。黄册为纬，赋役之法定焉。凡质卖田土，备书税粮科则，官为籍记之，毋令产去税存以为民害。

——《明史·食货志》

　　凡民人告争坟山，近年者以印契为凭，如系远年之业，须将山地字号、亩数及库贮鳞册并完粮印串，逐一丈勘查对，果相符合，即断令管业。若查勘不符，又无完粮印串，其所执远年旧契及碑、谱等项，均不得执为凭据，即将滥控侵占之人按例治罪。

——《大清律例户律·田宅·盗卖田宅》

通过户籍和地籍，尤其是通过实施经界，赋役制度与土地确权两者以一种具有可操作性的方法关联在了一起。以往关于南宋经界的研究，论者多从均税、财政方面讨论其成败。戴建国的研究涉及经界在田产产权确认上的意义。①侯鹏利用碑刻史料研究宋元浙江各地都保体系的运转，也总结了经界在田土纠纷处理上的作用。他发现，"形态不同的田块在登载中基本都包括了坐落的都和四至，这些田块或被编号，或有土名……由此形成的各类簿籍不仅是征发赋役的基本依据，也用于处理日常的田土纠纷，甚至在一定程度上用来规范和控制主佃关系"②。

山场，是土地资源形态的一种，它作为课税对象，在国家赋役体系中相对田土居于次要的地位。但是，如前所述，最晚到了南宋，部分东南山场就开始有了地籍。徽州南宋契约中的山产有登记字号。尽管目前南宋砧基簿的原本尚未被发现，但周曲洋根据文献记录和后代鱼鳞册，复原了南宋鱼鳞图、流水册、类姓簿等③，这些簿册都登记产业的户主、土名、四至、亩数、夏税秋粮，这使其成为可以稽考的确权文件。现存明代鱼鳞图册中保存了不少山场信息。乾隆三十二年(1767)安徽按察使陈辉祖为坟山争控事上奏后，清廷制定条例，鱼鳞图册、完粮印串成为法律认定的山场确权凭证。但是鱼鳞图册等地籍档案、赋税记录如何在山场确权，尤其是在山场界址纷争中充当证据的作用？要回答这个问题，首先要说明山场地籍如何编制，其中究竟有哪些山场信息，这些信息的准确性如何，是否能够作为明晰权属的证据来使用。

一、南宋的山界争讼

有关南宋经界的文献中，有很多提到经界过程中产生的"词讼"。例如，王之望在潼川路行经界时，"乞令所委监司选差见任官五员，分诣诸县，逐乡受接经界词状。又于本县令佐内选可委官一员，通签同共审量裁正"④。这些词讼说明经界进行的过程中，民众有了确权的需求。但大部分时候，它们却被南宋的官员认为是经界中的最大麻烦和弊端，应该尽量规避，而不是积极正面解决。事实上，这些词讼是王之望等官员放弃打量画图，而采用简易的"推排法"的原因之一。

除了经界中发生的确权纠纷，民间的山场田土争讼可以说是官府不得不面对的日常事务。我们对比考察了《名公书判清明集》中的山场、田土界址纠纷形态和审断上的异同。《名公书判清明集》中的相关案件，包括卷五

"户婚门争业"下的《揩改文字》《田邻侵界》《争山妄指界至》《揩擦关书包占山地》《争山各执是非当参旁证》《经二十年而诉典买不平不得受理》，以及卷九"户婚门坟墓"下的《主佃争墓地》《盗葬》等篇。这些案件发生的地域大多是在江南、两浙、福建等地区。案件中涉及的证据文书，包括产图簿、砧基等"官簿"，也包括"支书"、"关书"、契等私人文书。官司将两者互相参证，并以文书为据进行实地勘验，这是审断界址争讼的一般程序。在这个程序中，有几点值得注意。

第一，"邻保""都保"在田山争讼的整个勘验、取证过程中都有重要的作用。《名公书判清明集》记载的多件田山争讼中，都出现了他们的身影。例如，《揩改文字》案中记录说："集邻保从公照古来堥界摽迁。"⑤《主佃争墓地》案中记"本保勘会，互诉无凭"，"唤集邻保、两词，同登山究实"⑥。《经二十年而诉典买不平不得受理》案中记录说："差无碍保正，再集邻从公勘会。"⑦"邻保"

是邻里小保，南宋以相邻五家为一小保，五小保为一大保，十大保为一都保，都保设保正。学者对南宋经界的研究认为，"都保"是执行经界的基本层级组织，保正收掌有记载田亩税额的簿书，许人户检看。⑧换言之，这些保正在田山界址纠纷中的职责，是与"都保"作为编订、保存砧基簿的基层单位有关的。田山界址的勘验环节依赖都保邻里，这不仅是因为他们身居当地，方便到达现场，而且还因为不论是官簿还是私契，都以"四至"作为地界的主要标志，而这些地名、地理标志是一种"地方知识"，只有当地人才能明晓。

第二，从前述《富溪程氏祖训家规封邱渊源合编》中保存的南宋户贴抄件来看，户贴对山产的记录相当简单，山界争讼的理处主要依赖四至、土名信息。各种证据中记录的面积数字，在田土、山场两类界址诉讼的勘验和案件审断中的作用是略有差异的。

《田邻侵界》案中主官要求对纠纷所涉及的相邻田地

"对众从头打量":

> 当遂唤上田宅牙人陈达，同邻保等人，将车言可、聂仕才、蒙彦隆、韩国威四家毗连之田，对众从头打量。据蒙彦隆所买上手张嗣宗田，元计陆亩贰角零壹拾捌步，今打量出剩壹亩有零。韩国威所买上手张大宗田，元计伍亩叁角伍拾肆步贰尺，今打量出剩贰亩有零。……⑨

因为打量结果与簿册契据所载有差异，参照地形界至，审理该案的官员判断其中一家的田土被另两家所侵占，让各方"各据元收干照，依未争前疆界管佃……今画到地图，连粘在前"⑩。这则材料证明，在田地的界址纠纷中，契据簿册中记录的亩步，是被当作真实的面积数据并作为证据使用的，它们经过了丈量、核查比对。换言之，这些簿册契约中的数字并不完全像何炳棣所说的，因为未经丈量或者曾经折亩，而无法与实际面积数字相对照。

　　山场诉讼中也有极少数案例，涉及较为严格的丈量，并由官府主持划定界至，发给公据结案。例如，著名的胡安定公（安定书院）坟山案。位于今天湖州的胡瑗墓在元代被侵占，诉讼过程中所出具的证据包括宋代的印信砧基，据此坟山边界、大小是经过精确测量的：

　　　　宋淳祐五年安吉州给到印信砧基一册，该载侍讲安定文昭胡公坟茔坐落乌程县三碑乡何山……自坟城外取中打量，东至何山寺贴屋墙直上山顶计壹拾伍丈，西至官路直上山顶计壹拾柒丈肆尺，南至官路计叁拾丈，北至山峰顶计肆拾贰丈。⑪

　　当然，这基本上还是对单处坟山的丈量，面积更为广大的山场产业可能与此不同。但这个例子也说明对于山的丈量，在技术上并非不可能。之所以山场丈量没有广泛实行，可能还是出于效率的考虑。

不论是田还是山，"四至"仍然是审断界址纠纷时最重要的考量因素。如前述《田邻侵界》一案，有司除了重新一一打量各家田地的亩步之外，也对各家所供及契约、砧基簿中的四至进行了比对：

况聂忠敏所供东西南北四至，与其祖来砧基簿具载四至，节节明白，并无差舛，而车言可所供四至，与见争田段四至，只有一至相合，自余三至并不相照应。谓如捌百捌拾壹号东至普门院山，西至黄推官田，南至聂仕才自己田，北至车言可所买车迪功田，其车言可所买车迪功捌百捌拾号田契具载，乃是东西北皆至自己田，南至黄推官田，其不相照应如此，官司何以为凭？[12]

在争山案中，由于山场的丈量难度较大，也由于山场的亩步面积信息登记相对更为简略，甚至缺失，官司在审理中对四至信息尤为倚重。《盗葬》一案两造所争涉及山地：

今再索上两处干照及画到地图参考，得见上件山地，吴太师宅系于淳熙八年就徐洋买到，庆元二年就游才卿买到，契内具载亩角四至，节节分晓。其谢五乙兄弟所买姜监镇一亩一角七十三步之地，却介于吴太师前件山地之间……而契内更不声说其地四至与何人相抵，则是谢五乙兄弟于当年盗葬之余，旋撰此等模糊契字，以为强争影占之具分明。⑬

山地契约要求注明亩角四至，这件山地契约中虽然有亩、角、步，却因为不注明四至，被认为是重大的契约瑕疵，而受到怀疑。

另一桩争山案《主佃争墓地》，官司完全是以支书契约、经官执状中的四至作为证据，登山踏验，判定是非的。该案中"两词共写山图，是非莫辨"，官司经过实地勘验，揭发其中一方在山图中有指东作西的造假行为："吴春最是欺罔者，东、西、南、北，天地不易之位，吴春经县画出山图，敢以南为北，以西为东，地头众证，糊涂指射，且有移步换形之说，决以地罗，其诈遂穷。"[14]这里提到，在山场界址的指认中，首先需要用罗盘来确定方位。

山场的四至，多采用自然地理标志，但并非随意指用。袁采在家训中曾特别有一段文字论及山界确立的问题，他说：

人之山林，若分明挑掘沟堑，才损即修，有何争讼？……山林或用分水，犹可辩明；间有以木以石以坎为界，年深不存，及以坑为界，而外又有一坑相似者，未尝不启纷纷不决之讼也。至于分析止凭阄书，典买止凭契书，或有卤莽，该载不明，公私皆不能决，可不戒哉。间有典买山地，幸其界至有疑，故令元契称说不明，因而包占者，此小人之用心，遇明官司自正其罪矣。[15]

在袁采看来，常被作为分界标志的石、坎、木，甚至是坑都容易变动或被错认，需要人工的维护，分水是最可靠的自然界址标志物。自然地貌是因为山场确权的需要而被人为选择和指认出来的。随着山场开发和山产买卖的频繁、分割的精细化，界标被越来越多地认定和制造出来。它们在契约订立、地籍登记中被文字化，并在日后的纠纷中又被拿出来作为勘验对照的依据。

第三，砧基簿、产图簿等"官簿"在纠纷理断中，是否有优于契约的证据效力？《主佃争墓地》《揩擦关书包占山地》都强调契约是否为"白契"、是否"经官投印"的问题。⑯契约经官投验、税契，对证据效力有很大的提升。但"白契"和分家文书仍然是被承认的确权证据。而且砧基簿、凭由等官方文书也并不是完全被取信的。如刘克庄处置的建阳《争山妄指界至》案中说："大凡置田，必凭上手干照，刘德成形状有如乞丐，所卖田三丘、山十二段，乃是凭大保长凭由作上手干照，不足凭据。"⑰陈淳在《上傅寺丞论学粮》中，记载一处学田被"武断乡村者"盗据，"图记分明，而无有的知疆界之所在。遣职事出地头访之，居民皆曰无之，又以图记细考而物色之，乃觉其为武断乡村者所盗据。居民盖畏惮而不敢言，然此段竟亦无如之何"⑱。官方"图记"中记载的"疆界"没有当地人的指证，就很难在实地勘验中被确认。袁采专门告诫家人"田产界至宜分明"，他说："官中虽有经界图籍，坏烂不存者多矣。况又从而改易，不经官司邻保验证，岂不大启争端。"⑲所以保险的做法，仍然是在实地勤修界畔。

对比田、山争讼，在山场界址案件中，引证产图簿、砧基簿等"官簿"的情况比在田地案件中少见得多。《揩改文字》《田邻侵界》案中涉及的田地都有图簿、砧基、字号和亩步。《盗葬》中涉及的是"山地"，契约内也有具体的亩角四至。相反，《争山妄指界至》《争山各执是非当参旁证》《经二十年而诉典买不平不得受理》《主佃争墓地》等争山案中出现的证据，有"契照"、"元契"、"支书"、"关书"、经官领状等，但并没有直接以砧基、产簿为证据的。而且这些山业描述中也都没有出现"字号"，说明这些山业很可能没有登记入册。

《揩擦关书包占山地》的例子很有意思。该案当事人争山，没有提供砧基簿或产簿作为产权凭证，但他"将祖上关书揩擦一行，填作二保土名四字，占人一亩之山，凑外段园山作一行，欲行包占。当厅令书铺辨验，揩擦改写，字迹晓然，又且外段园山四字，与簿上土名全不相应，只欲以二保两字，占人一亩之山"[20]。在关书中填入"二保土名"的字样，可能是为了与官簿中有登记的山地产业相配合，试图凭借经官登记的山地而争占周边尚未登记的山场。换言之，一方面，即便在南宋经界执行较好的地区，山场登记并拥有官方凭证的情况，较之于田土仍然更少见；但另一方面，即便没有经过登记，人们也会倚重有官方地籍的田地，作为争占相邻山场的证明。相似的做法一直到晚清民国的东南山区还时有所见。[21]

二、鱼鳞图册中的山场信息

尽管山场的经界或丈量远不如田土普遍，但经过元、明、清东南地区多次的经理、清丈，鱼鳞图册等赋役册籍中的山业记录越来越丰富，并且影响到各地契约对山场界址的表述。明以后徽州买卖契约中，四至一项已经省略不写，而是直接注明"四至依照经理"。在没有经过大规模经界的山区，也有部分山场陆续报税纳赋，登记入各种地籍簿册中。事实上，一直到民国时期，一些地方还在对山场进行大规模的造册。《浙江省农村调查》中说：

地主由对土地的兼并发展到对山林的霸占，有钱有势的人向官府"报粮认税"领取山林，有的则依靠势力"指山为界"，将大片"无主"的山林归并在自己私造的契约之内。如分水县蠡湖乡在一九一七年以前人口特别少，许多山林无主经营。一九一七年段祺瑞执政时，并勒令建立"清山局"，要群众领山认税。清山局多为地主豪绅所把持，该乡清山局即是本乡的满清拔贡王秉融任总董事，王曾任淳安县知事，其子王植民任清山局秘书，父子二人总揽大权，霸占了该乡四分之一的山林。㉒

作为王氏父子霸占山林的证据，"清山局"所编造的鱼鳞山册今天仍然保存在桐庐县档案馆。

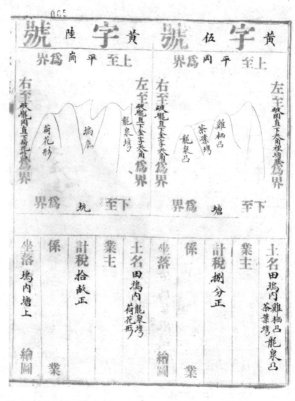

图2 1918年王秉融造黄字鱼鳞山册

明清以后，部分山场至少有契约和赋役册籍两套系统的确权凭证。这些赋役册籍中留下了很多山场的记录。这些记录包含哪些信息，并反映了怎样的山场确权过程呢？

《元史·食货志》中说："经界废而后有经理。"[23] 从"经界"到"经理"，用词变化的背后，反映出元代土地登记对具体的界至、形态的关注更少了。陈高华认为，元代比较认真的江南土地调查是在江浙、江西、河南实行的"延祐经理"，而"延祐经理"的办法是"自实田"，"先期揭榜示民，限四十日，以其家所有田，自实于官"[24]。这些经理或核田，都是在旧有册籍基础上，用"自实田"的办法加以比对、修订，"履亩"的工作则依靠民众自己去完成。当然，核田和颁发作为土地凭证的"乌由"对确权和定界仍然发生了影响。余姚州在核田的同时产生并解决了不少田产纠纷，"自陈者五万人，或旧日无粮今自实有至三五百亩者，至于消积年之争讼者七十余事"。

之后，"画田之形"，编有流水簿、鱼鳞牙次之图，给田主发给"乌由"，"后易主，有质剂无乌由不信也"。㉕"乌由"上登载田图、积步、税亩、税粮之数和业主姓名，这样的核田就在均平赋税之外，制造或确认了田界和产权。但是，由于以往的研究并不太注意于分别这些材料中田、山的差异，所以我们对元代册籍中山场信息的登记情况并不清楚。

从明清时期的鱼鳞册来看，即便在同一地区、同一时期的档案中，山场和田土的清丈、登记形式也存在很大差别。现存几种浙江和徽州地区鱼鳞册、经理保簿中都登记有山场。宋龙凤（1355—1366）经理被认为是整个明清时期徽州地权确立的基础。㉖这次经理留下了现存最早的鱼鳞图册《至正二十四年祁门十四都五保鱼鳞册》，其中首页载该保"山总三千一百四十七亩三角五十步"㉗。《万历休宁二十九都七图欲字号活字版鱼鳞清册》中登记的"山"的信息，包括有字号、山税亩分、四至、山形简图和见业。其中"见业"下分户登记了各业户名下的山税亩分，有不少字号的山分属于几个不同的山主。但其中的"山图"只是勾勒山形，并不标注积步。㉘《明黟县归户鱼鳞册》中登记了山的字号、四至和"分庄"，以及"今丈"山税亩分，但没有山图、积步。㉙《万历九年制字号鱼鳞清册》中登记的信息，包括字号、土名、税亩、见业、四至和分庄，画图的部分也是空白的。㉚

《明绩溪县十三都似字号经理保簿》登记信息丰富、完整，包括业主、都图、土名、亩分、四至、夏税、秋粮。这本经理保簿中记录的，不论是山地、坟地还是山，都要缴纳赋税。其中田地四至的填写格式是"（东南西北）至……号（山、田、地、坟地）"，即包括四至相邻的字号和土地形态。与此相比，不少山场的四至仍然是以"脊""降""沟""路""岭""弯心""尖"等自然地形为标志，而且并没有字号。㉛

《明绩溪县十三都似字号经理保簿》登记的山界内常

常包含有被开垦成"山地"的地块，它们被独立编立字号、有单独的税粮，在画图中注明每丘的步数，说明它们是经过测量的。还有一些原额登记为"山"，但现经"积山成田"或"积山成塘"，与"山"不同，它们也画有图形，且登记了积步。汪庆元书中所收录的《康熙休宁县大字号现业的名库册》《康熙年休宁县三十三都六图克字号弓口鱼鳞册》，都用"挂号"或一号多业的方式，记录山场被开垦为田地后，进行丈量并纳粮升科的信息。[32]

这些信息反映了山场的开发利用过程：大片的山场，其整体可能早在南宋已经登记，但在开发、开垦的过程中，逐步被细密地划分成一个个地块，这些地块确立起自己的界至范围，并且通过纳粮升科的方式，登记在赋役簿册中，获得独立的字号、四至。其中的田、地甚至小片坟地都经过丈量，登记有积步数字。然而除此之外，原来没有积步数据的山场，积步数据仍然欠缺。[33]

汪庆元对清代鱼鳞图册进行研究后认为，"歙县新丈'山'有积步……而祁门、婺源、休宁等'山'只登税亩而无积步"㉞。但如前所述，元明时期祁门县的山的积步是有记载的，如《至正二十四年祁门十四都五保鱼鳞册》中山与田地一样都有积步，祁门县明初的契约也显示当地有部分山产有具体的积步数字。如《永乐十三年十月初三日李再兴卖契》："祖产山地五号，坐落本都七保，一号首字三百一十三号，土名刘家坞，下山，六亩一角二十步，其山东止垄分水，西南止胡太初田，北止坞头大降……又首字六百四十九号，土名郑七坞山，一十亩二十步，东止桂高田，西止大降，南止基地，北止坞口。"㉟《嘉靖祁门谢氏抄契簿》中也反映出同样的情况，如"经理吊字七百六十七号，计山二亩二角，其山东双目尖，西坑，南至自山，北至芝交山"㊱。

上述山业的积步数字是何时、如何产生的，我们还不是很清楚。顺治祁门县《新丈亲供首状》所录文告中说："祁、婺山场，崇高险峻，不便开弓，照万历九年不丈，只遵原额并递年大册推收供税。"㊲同治《祁门县志》中也记载："顺治六年清丈，田、塘、地合为鳞册，山则仍旧经理保簿。"㊳《康熙年休宁县三十三都六图克字号弓口鱼鳞册》中康熙年重新编造鱼鳞字号，田地的形态、积步都根据实际情况有所调整，但山的积步只是照抄了万历的数字而已。㊴婺源县十三都三图顺治年间的宾字号新丈鱼鳞册中，田、地都等级有"新丈"亩步数字，但是在山的部分，"新丈"下面是空白的，只登记有山税、四至和土名。㊵这些信息都说明，可能最晚自万历以后，这些县份的山，除了开垦升科为田、地、塘的部分，其余都没有再经过任何形式的丈量。

在清代徽州的鱼鳞册中，看起来的确只有歙县的山有所谓"新丈"积步的记录，如汪庆元书中所举《康熙三年歙县丈量鱼鳞清册》宝字一万四十二号例。但是我们如果从歙县《顺治三年丈量条例》来看，这个"新丈"的数据并不是重新用弓尺逐块丈量得到的，甚至不是用"喝丈""呼丈"的方式重丈，而只是考虑到山的阴阳肥瘠，对原额进行调整："今次金丈，须将阳培土山，依照原额量加，阴山、瘠山，依照原额量减，不得'旧管'当做'实在'，致使赋税不均。"这种调整是没有统一的具体标准的。[41]所以即便歙县鱼鳞册中有所谓"新丈"的积步数字，也很难将其作为确切的面积数字来看待，更难在实际的勘丈中去复核。

浙江的情况与徽州类似。《浙江严州府遂安县清丈鱼鳞册》中，田、地两种都登记有"乘积"和"归除"，区别是"田"在所画图形中注明每一边的弓步数字，"地"则没有注明，但从田地的"乘积"和"归除"数字中，很容易算出，田地的计算大都是统一以240步为一亩。但其中"山"的登记则大不相同，不仅画图只有山形，而且"乘积"是空白的，只登记有"归除"的税亩数字。[42]《东阳县鱼鳞册》五都一保上本中登记的田、地、塘，除了画图中有每边的弓步数之外，还登记有"土名……积……

计……",如"一百三十四号,土名麻车东,积一百三十二步三分,计正田五分五厘一毛"。但山的画图部分都只统一填一个"山"字,绝大部分没有登记积数,而只有亩数。㊸《怀德乡六十都三保何字号鱼鳞册》中的情况与此相同。㊹

《东阳县鱼鳞册》个别"山"登记有积数,如"一百念(廿)九号,土名山岗,积七百四步四分,计民山二亩九分三厘五毛","一百卅号,土名东山,积九百六十步,计民山四亩正"㊺。但是,田、地、塘的积步数和税亩相除,往往只能得到近似于 240 的数字,而这些山的积步数和税亩相除后得到的却总是 240 的整数。这说明,如果田、地、塘是通过丈量积步,再按照 240 步为一亩换算得到税亩数的话,那么这些山的积步数字很可能是从一个估算的税亩数字,再按照一亩 240 步倒推折算出来的。新近出版的浙江汤溪县清代鱼鳞册,田、地是以种子的斗数折亩计算的,而山的折亩数字尚不清楚是如何得出的。㊻

除了积步的缺漏不实,明清鱼鳞册、保簿还显示,对山的绘图相比田土更不普遍。《明绩溪县十三都似字号经理保簿》中几乎所有的田地甚至坟山都绘有图样,但唯有"山"的图样部分是空白的。画有山形图的《万历休宁二十九都七图欲字号活字版鱼鳞清册》,也只是简单的形状示意,要依靠这些简易几笔勾勒出的山形来解决山界纠纷,是不可想象的。

我们现在看到的最细致、严谨的山图画法,可能是海瑞在淳安知县任内所作的《量田则例》。海瑞也认为,山是丈量中最困难的工作,"至于山稍移步则转向,尤难定方向"⑰。但是他仍然强调应该尽可能用弓步实测。海瑞对山的测丈,虽然也是以赋税征收为目的,比如他说"丈量山亦须相其肥瘦,或土或石,或峻或平,锄劚多收减收,宜柴宜木,或便水或深僻,数者之中,参酌定为九等";他也说以弓步丈量之后,还要折亩,"山原有额数不可减,今亦不为之增。且就三亩为一亩,待后酌量其山之肥瘦，利之多寡，增减以合额数"。但是结合他自己地方任官的经验，海瑞的丈山方法还考虑到百姓之间争占纠纷的解决问题。他说："山争占者多，盖由界至不明，亩数多寡不均。……受数日之劳，可使百年无争。决不可惮其烦难，而不下弓步牵绳也。"⑧所以，海瑞丈山和登记绘图的办法，是很注重"界"的。

海瑞设计的山图，则分为流水、鱼鳞两种，画法亦有差异。"鱼鳞分别四至，流水画其本形，流水鱼鳞，互相为备，互相为稽考也。"其中鱼鳞图的画法与平地相同，并不能体现出山的立体特征。最有特色的是山业流水图中的"拆倒画"（原文如此）法：

> 盖山高，画其面而不能画其背，画其左不能画
> 其右，拆倒画使一山周围前后左右凡有号第界至俱
> 明白在图。山腰又为一号者，界于山腰。山又接山
> 者，又画山。山下有田地者，画田地。山下止有一

流水坑又起山者，画一坑形，又画山。逐一皆就地形画，不可少差分寸。如陇大画一画，如降小画一画，坑画二画中点数点，湾画二画不点，盖像陇降坑湾之形也。界画上写陇降坑湾字，大小双点仔细看各界至而止，不可少差分寸。尖不能画，盖画山面之尖，则山背又无尖了。止于两尖界上写一尖字。若抵别图界之山，则如流水上画于外，写某都图界。盖山在界上则一面在本图，一面在他图，可以画其形像也。山折倒画，大抵形象不能与山形合，多是上狭而下阔，或彼此相让地步，使四至合形，则当大画而反小，当小画而反大，当直而反曲，当曲而反直，多有之。所以如此者，盖必欲四至合，故形像不能尽同也。如四至是陇降坑湾，中又有二三个陇降坑湾，须画出两三个陇降坑湾之形。流水册四至陇降坑湾下，仍写中又有几陇几降几坑几湾，使日后妄争者，不得指东作西。[49]

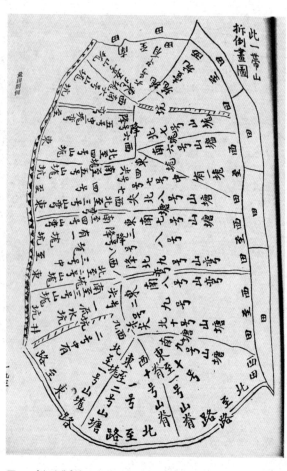

图 3 《海瑞集》中山场丈量的"拆倒画图"

图片来源 《海瑞集》，195 页，北京，中华书局，1962

根据《海瑞集》中的图例，按照"拆倒法"所画的山图，很像是山的俯视图。其中所标示的"陇降坑湾"，往往就是山业的分界四至。但在现存的鱼鳞山图中几乎看不到像海瑞设计的这种山场的细致画法。一直到前述民国初年分水县蠡湖乡清山局所作的鱼鳞册中，山业也只有四至和税亩的记录，其山图仍然是只画有大致的山形。

综上，与田、地的记录信息相比，明清的鱼鳞图册普遍不关注山场的实际形态、面积和界至。除了其中开垦为田、地或用于坟葬的部分，因为业主的纳税升科，而记录有新的积步、税亩和四至外，山场的信息或者因袭宋元留下来的内容，或者甚至越到后来越简化。这些情况都说明，明清以后编造鱼鳞图册时很少针对山场的开弓进行实丈。那么，这样的地籍记录如何应用于山场确权，尤其是如何在山场的界址争讼中发挥作用呢？

三、明清山场争讼及鱼鳞册籍的应用

明清时期东南山区因山场权属发生的冲突和竞争，是山区社会经济生活的重要组成部分。下文将以明末清初天台山的山场争讼和明清判例判牍中记录的其他东南山场争讼为例，讨论鱼鳞册籍等在已登记课税的山场确权中的应用情况。

明清天台山寺观山产的争讼和登记

天台山的佛道寺观在明清时期总体走向衰败，其间有几次兴复的努力。在这个过程中，各方对寺观山产争夺激烈。

传灯大师被认为是明代天台宗的中兴之祖，他在兴复高明讲寺的过程中，首先遇到的就是寺产问题。高明讲寺的前身是智者大师创建的幽溪道场。传说智者追随被风吹散的经页来到这里，"诛茅为茨，编荆为户"⑩，建阿练若，修头陀行。此后，该地陆续有营建，却因为地处僻远，兴废不时。明代以前，其寺基、寺产归属不明。嘉靖年间，寺僧苦于登陟，寄身于国清寺，"田摄本寺，在当时门户名虽不移，而田产之实皆移入国清矣。始则遣一二近事男侍奉香火，末则近事男亦变为庄客"⑪。再后来，寺田钱粮逋负，法堂都差点被拆毁移为县学明伦堂所用。万历八年(1580)，传灯大师立志兴复高明讲寺，他做的第一件事情就是向国清寺购买寺基、寺山、寺田：

> 余于万历八年岁在庚辰，随百松先师讲《童蒙止观》于定慧真身塔院。暇日曾一经行此地，观其万山耸秀，众壑幽奇，便有买山之志，奈衣钵无长蓄何。至十四年丙戌，谋之槜李冯具区檀越，公即欣然为之创缘……乃邀无脱师弟至国清，初问下房兰屏僧会买山田及基址。未及一半，而囊箧已罄

如。次后则岁岁续置，盖当时之山与田非独散属各房，亦且民间得其大半。以故高明之业即寸土寸石，皆用价赎，券疏之多，盈溢箱箧。㊾

传灯在这里提及的大檀越冯具区，即冯梦祯。后矿税之役起，天台县欲割高明寺产三分之二以充矿税，寺僧复求助于他。他修书于当道师友，其中就提及"高明废址并田八十亩、地三十亩，山百亩，则祯赎得之"㊿。冯梦祯还为这些产业向官府请"给帖给示"㉑。

传灯所说"盈溢箱箧"的券疏以及帖、示，今天已均不可见。但高明讲寺兴复过程中寺产的买卖，说明当时天台山中的山场、地基和田土已经各有其主，寺观、寺道和附近的山民都以契约为产权的凭据，并向官府缴纳钱粮。因此，当传灯发愿兴复几近废弃的高明寺时，他不能再像前辈一样随处占山，开设道场、寺院了。对于传灯来说，保存这些辛苦购买而来的产业的证明文书非常重要，所以在《幽溪别志》中有整整一卷的《福田考》（卷十一），记录寺产来历以及官府优免差役的批照。

图 4　天台山智者大师读经处附近，远处山谷中的寺院为高明讲寺（摄于 2018 年夏）

明清时期的天台山显然已经不再是莽莽丛林的原始状态，僧道和民人数百年的开发，已经使大量的山谷、缓坡变成了山田和山地。康熙年间，天台知县戴兆佳被要求查点山中搭寮居住、开垦种植、开矿的外省人，他在报告中说：

今卑职地方虽产菁麻，然俱系土著者为之树艺，并无外省人民前来种植，无容稽查外，惟有十一都一带地方附近穷民，炒铁洗砂，易米易粟，以糊其口，间或有异氓在内炒洗者。⑤

明清时期天台山中已经有很多谋生的人，山场资源的开发利用，寺观的兴衰无常，以及官府对于赋税的追求，都加速了山场权属的争夺。僧人之间争占山场的案件屡有所见：

石梁县华亭乃天台第一名胜也。松云环绕，岩壑幽情，瀑布飞泉而外，并无长物。亭畔向有荒山四亩五分，住僧通性铲刈荒秽，栽培竹木茶园，忽被下方广寺僧澄如攘为己有，致通性有欺占夺食之控。今据党总地邻查覆，实系通性开垦之山，相应断归通性管业，澄如等不得争执，勒石以杜觊觎。⑯

这件诉讼典型地反映了寺僧占山开辟，通过诉讼得以确权的经过。天台山寺观的很多山场，大概都经过类似的从占山开垦到产权确认的过程。确权的途径，除了报垦升科之外，就是这类诉讼。

家族、地方官府也直接加入对寺观山场的争夺中。屈啸宇曾对《天台治略》中的广严寺案有过详细的研究。徐氏宗族以"袈裟地"的传说和一件声称是唐朝的舍书，宣称拥有寺产；知县戴兆佳则以"十方之公物归完十方之公欠，国科可清，上下考成不误"为由，力求将废寺产业作为官方的"公项"。屈文以此讨论寺产，特别是家族施舍的寺产，作为一种特殊"公共财产"的性质。⑰但关于寺产争讼，我们还需注意，同属寺观产业的田、地、山、寺基，除了都具有特殊的"公共"性质之外，还因为产业形态和赋税政策的不同，在确权和争讼时被各方区别对待。

康熙末年，台州知府张联元有意兴复天台山。他不仅主持修撰《天台山全志》，并且恢复桐柏观清圣祠的观产，将整个过程记录汇辑为《清圣祠志》。清圣祠在原桐柏观内，奉伯夷、叔齐石像。明末，观、祠俱废，观内香灯田的粮租被用以收抵廪生饩粮。清圣祠基被天台县张姓豪绅占为坟域。至清代康熙后期，只有一名章姓道士搭建茅屋居住。桐柏观前大路、二门以外各殿基均被乡民开垦为平田。章姓道士在康熙四十年（1701）以"吞占国产"具控。虽然时任台州知府批词"理应退还本观"，但天台知县以章道士"并非土著之人，行踪无定，涉手恐归中饱"为辞，要求章道士募修兴复祠观，之后再将观田归还。因此，一直到康熙末年张联元任台州知府时，观田仍然散落于众姓之手。

桐柏观的观产不止有上述香灯田，还包括额田和大片山场、山地。这些产业曾在崇祯三年(1630)被分成四股变卖给天台的乡绅。每股产业中包括有数量不等的各则田地，并"随带"数量可观的荒田、荒地和荒山。据崇祯四年印贴：

今奉搜刮之令，议将桐柏、宝华田亩，召绅民承买，通详造册报府，随蒙述府事同知陈会同本县，着该都里老及经知、亩丈，沿山临地，逐一踏勘，见得田亩荒熟不等，虽以一例定价，为查桐柏观旧额田九顷八十七亩三分五厘五毫，内除香灯田一顷四亩，原与看观道士耕种，供食香火。又有荒田九十一亩四分五厘五毫，实田七顷九十一亩九分，均为上中下三则。……复将三则田亩均为四股，每股该价一百九十五两二钱五分。再照地税除熟者变价外，余有荒地八十四亩三厘四毫，荒山五顷六十九亩，并前抛荒田亩，每年亦该粮饷一十八两六钱二分九厘，均入四股之内，随田完纳。⑧

清圣祠和上述所有田、地、山场全部位于桐柏山中，均登记有土名、丘段和税亩。一方面，因为这些产业在赋税体系中属于不同的类别和等则，如天台县观祠殿宇基址例不起科："天邑寺观庵庙等公所，俱不丈不积，例不输粮，故该观亦在不丈不积之例。"⑨另一方面，也是因为它们在前代已经分别经过了不同处置。所以康熙末年天台知县主持清查这些观产的时候，对于基址、田、山的处理是不同的。

明末由天台知县胡接辉变卖的观田，虽然属于低价变卖，但是因为有印册、印贴为据，确属张、汤、陈各姓乡绅所有。在清代争讼中，桐柏观即便有知府张联元的支持也无法再收回这些观田。明末留给当时守观道士的一顷四亩香灯田，至清初已经被民人移丘换段，吞没不存。对此,天台知县一方面清丈出祠观基址周围被民人开垦却尚未报升的田土,给道士就近耕种收获;另一方面将已废真觉寺的田地抵补。

最为复杂的是原属于观祠的大量山产。据前述明代印贴中记载,每股中所含山产的数目非常具体,如张汝韶承买的一股中随带"荒山一顷四十二亩二分二厘五毫,俱坐桐柏山南界"⑥。但是这个"荒山"数字并非测丈而来,清代争讼之时也无法实丈复原。天台知县在覆文中说:

> 其山场不必覆丈,缘山之亩数系约指而定。若使田亩丈量,则桐柏观之山,即数十亩亦复不止。查观内荒山五顷六十九亩,原并无丝毫价值,依然观业。⑥

所以他主张,田地(包括荒田荒地)"逐一丈勘,造册开归清圣祠户下"[62]。山则依旧有界址，"惟是归观之山，其南姑自旧时二门起，直上后龙元武山，至北岙岭止，已屡经详明，毋庸再陈"[63]。知府张联元对这一笼统含混的处置并不满意，他在查勘山场后认为，这些荒山亦有花利，且得利不为不厚，应开入清圣祠户下，分租给就近山民，收取租息。但是因为明末印册、印贴中的田、山都不写具四至，所以难以准确勘定归属桐柏观的山产的确切范围。

康熙六十一年（1722），天台县终于在康熙三年（1664）的鱼鳞图册中，找到了桐柏观山产的记录。康熙三年编造的鱼鳞图册中，上述明代印册和印贴中的田、地、山均有编号入册，"自盈字八千四百九十六号起，至盈字一万五百四十一号止，内有桐柏宫共一百号"：

又查盈字一万五百四十一号，桐柏宫山一顷，绘有山图，载有洞天、丹灶、琼台、三清等字样，并绘屋两所、坟一所。其四至载：南至岭脚，北至寺山，西至官路，东至水溪。……其洞门外，南至岭脚，即印册所开张汝韶一股随带之山也。又云"北至寺山"，查桐柏宫之北为洞天宫。洞天之北，为长寿寺。自洞天北至寺山，即印册所开汤元功一股随带之山也。陈万里、张元和随带荒山在桐柏山西奁界，而西至官路，又在西奁界之外。张若婴随带荒山在桐柏山东界，而东至水溪，又在东奁界之外。是山图乃五顷六十九亩之山图，即四至亦五顷六十九亩之四至也。康熙三年丈量时，虽山图四至如故，已偷割四顷六十九亩。[64]

张联元认为，这些荒山在明末为四股乡绅"随带承管"，并未价卖，应"将此荒山委员确勘钉界，先归祠户，饬令县学会同经管收租取息。每年除完粮外，余为修葺祠宇并春秋祭祀之费"[65]。《清圣祠志》中收录了由训导盛禾履勘造册的《祠户四面山场土名分租册》，其中四处三十一亩山归主持，为樵苏之所；两处国清寺带管的祠山和其他出租于佃户的山场都各有租银，收入共二十一两余，由儒学每岁收取，为葺祠、供祭及春秋二丁祭祀之费。⑥⑥

这次对桐柏观清圣祠山场的查勘，还清查出各姓坟茔三十六所，"详议每坟完二钱之粮，以作租税，仍左右各予二丈，上下各予五丈，钉界留荫凉，并将来永免侵占官山之意"⑥⑦。至此，经过康熙五十五年至康熙六十一年共六年的清查、造册，桐柏观清圣祠各项山田产业的归属、范围清晰起来。

如前所述，唐代徐灵府所作《天台山记》记载唐睿宗为司马承祯复桐柏旧额，封山四十里。从唐代的封禁"四十里"的虚数，到清代在各项册籍中明确记载山产的字号、界址、税亩和山主，桐柏山的例子，让我们一窥山场开发、产权竞争的过程。官府、寺观和地方乡绅的作为与争竞，共同促成了天台山山场产权的一次次确认。

从桐柏观清圣祠产争讼中还可以看到，虽然同属于寺观产业，但山场与田产、寺基的确权是有差别的，这主要与它们在赋税体系中的地位不同有关。尽管士绅侵占祠产的行为被清代官员所谴责，但是其中已经报升纳粮、有印册印贴为凭据的山田，其管业权利是被承认的；相反，士绅占有的山场虽然也象征性地缴纳赋税，却因为没有登记实际的、清晰的界址信息，其权利最终被否定了。山与田在登记中、册籍上的"技术"差别，对确权起到了不同的作用。

明清山场界址争讼中的鱼鳞图册

如前所述，明清时期东南地区登记在册的、有山粮（税亩）的山业并不一定经过丈量（积步）；即使有积步数字，它们也不一定是用弓尺丈量计算的结果。但是，随着山的开垦，山地、山田的增加是一个明显的趋势；换言之，被登记在册的山在增加，山中被定界的部分在增加。因此，鱼鳞图册开始频繁地出现在山场界至诉讼的审断过程中。

在前述桐柏观清圣祠产案中，关键的确权凭证就是康熙年间的鱼鳞图册。尽管鱼鳞图册对山林界址的记录存在着很多问题，但它仍然是除了契约之外，对山场信息登记最完善的文书⑱，因此也被明清国家法律认定为处理争产案的有效证据。鱼鳞册作为山场确权的证据，其有效信息主要是"见业""分庄"和"土名""四至""步亩"。前两者证明权利的所有人，"土名""四至"是确定山产范围和边界的关键信息。很多学者也注意到，明清徽州山契中，除了注明字号、税亩之外，四至往往省略，而是写有"其山四至悉照鳞册为凭"⑲的话。在这种情况下，鱼鳞册籍和契约在确定山的权属和界址时，是配合使用的。

明清坟山争讼中使用鱼鳞图册作为证据的例子特别

多。学者们在关于明清坟山争讼的研究中，区分了风水之争、荫木之争、坟禁之争、养护之争等各种类型，也讨论了坟山权属的来源、证据和审判等各方面的问题，在此无需赘言。⑦虽然乾隆三十二年(1767)根据安徽按察使陈辉祖条奏，《大清律例》添加的"民人告争坟山"例⑦，对坟山争讼的证据进行了规定，远年旧契及碑谱等项，均不得执为凭据，但分析争讼实践，就会发现"坟山的归属基本上是一种长期形成的固定态势，证明权利的则是种种民间习惯"⑫。条例颁布前后，这种情况并没有大的改变。

籍坟占山的情况一直到清末民国时期都普遍存在。如龙泉司法档案中"光绪三十年八月十八日金林养等为控吴礼顺势欺占砍越界混争事呈状"就有"界内又有身家坟茔赤凿"的申述。又如，"光绪三十二年洪大猷与沈陈养互争山业案"，两造供词中均强调山产内有自家坟茔："监生(洪大猷)坟茔有几十穴，这沈陈养越界砍木，监生曾是走出，今蒙复讯，还说监生无坟墓碑，总不能移。”“（沈陈养）山里他无坟茔，就是小的墓多。”⑦不论正式的法律如何规定，也不论是否有契约对山界进行过描述，坟茔在山业纠纷中总是会被作为证据而被强调。把这种现象解释为来自"祖先"的权利观念，当然是有道理的。但在很多地方，更直接的和技术性的原因是，当土地的确权开始与赋税征收发生关系时，坟地往往比周边山场更早登记纳税、拥有字号和鱼鳞册籍中的记录。换言之，也就是坟地比周边山场更早拥有官方的地籍证明。

明代祁彪佳《莆阳谳牍》中记录的大部分争山、争界案都涉及坟山，这些山中有相当部分是经过登记的、有字号的产业。如《分守道一件人鬼号天事》，高翁二姓"以争山起衅，而先以发冢丢骸告。盖以发冢重则，争山为轻，持其重者，而轻者固在其掌股中矣。及查山界，翁系张厝墓之东北偏。查山号，翁系和字一千三百二十三号，高系和字一千三百二十四号。查时日，翁买自万历十九年，高买自万历四十六年，风马牛不相及也"⑭。"查山界"与"查山号""查时日"相配合，祁彪佳以此判明所争山的确切地址和归属。

在鱼鳞册中登记的坟山不仅有山号、四至，还有亩分。康熙年间戴兆佳在天台县处理一件坟山争讼案件，其告争之山"慎字二百十七号册载六亩五分二厘，与二百十三号毗连"⑮。嘉庆二十二年(1817)衢州府开化县的县主明示碑，碑文记录了一次坟山诉讼，其中五处坟山均有字号、土名，别分是"出字八千九百一十八号"至"出字八千九百二十二号"，"以上各处历葬祖坟□明季万□年间□汪祀华户抽税完粮"。碑记中还记载，如果上述坟山已经私自出卖，"许卖主到官呈明，拈同抽主推□契据，听候调册核断究办追缴，原价给还"。⑯这些坟山的面积都大大超过了坟域所需，其实是以坟占山的一种方式。

清代沈衍庆《槐卿政绩》记述了一件两造分别以鱼鳞山册与所谓"军册"为证据争山的案件。《恃势冒占事》记载："生员黄凤池等与监生熊凤元等民卫异籍，虽各聚族而居，实系比邻相望，累世姻好。黄族有祖遗山二号，一名北岭骑埂，一名狐狸脑，相连桃竹山。前朝以来世守祖业。乾隆年间熊姓在狐狸脑等处占山争葬，构讼二次，控经司府，俱照鳞册，四至断归黄姓管业，给有印谳。"后来，熊姓与毗连雷姓争长短埂山，经县审讯，熊姓冒结称西止黄坟。黄族旋控府，发鳞册查封换结，以西至照骑埂达石为界。熊黄两姓所争山界经过两次诉讼，应该说已经较为明确了。但是，道光二十年（1840），两姓又因葬坟再起冒占之诉。双方对于所争山场的土名意见不一：

查黄之狐狸脑，熊争之为羊角坑；黄之北岭骑埂，熊争之为赵子岭；黄山称以鳞册为凭，一载腾

字八千七百六十七号骑埭山二十亩，一载腾字八千

七百六十八号狐狸脑相连桃竹山六亩，俱列四至；

熊山称以军册为凭，二处俱册载五分，并无四

至……

沈衍庆认为"军册"中只记载五分山税，既无业契，
又无四至，"执此虚空无著之五分，可以南，可以北，
可以左，可以右"，且登记的山场"名号大异，未容指鹿
为马"，因此他判令"熊姓将各坟堆土圈护，永远祭醮，
不准添葬"；"坟圈以外，悉属黄姓管业，熊姓亦不得借
端图占"。⑦

这些案例都说明，在确定山场产权时，鱼鳞图册或
其他各类赋役册籍主要的用处是确定业主，以及相邻字
号山产之间的位置关系。正如前文所述，鱼鳞图册中大
都只登载山的税亩，而山场税亩的计算与平地田土不
同。闽浙赣的很多地方还存在着"喊山为亩"，或者"山

粮一亩可抵十余亩"等习惯。因此，山场界至诉讼中，除了山地或坟地之外，很难按照契约、鳞册所登记的亩数，实丈确认范围和界址。但是，这样的事例也并不是没有。

万历年间，祁彪佳处理了一件山田争界案：

审得林义科户内山系罗字七百五十八号、五十九号。林清甫所买林宪忠垦田十亩在二号之内。义科以此田系邦奋垦己之山脚所成，故有此讼。然中卖时系万历十九年，时现有垦田矣，且批佃时系万历十三年，时亦现有垦田矣。果系义科之山脚，科之祖若父何不告明，乃迟迟至今日焉？且清甫之授受自明，其所管只十一亩七分一厘，县帖可据。今义科称田三十五亩二分，与县帖大相悬绝，合行仙捕官从公丈量。除一十三亩余还清甫外，其余之田附义科山脚者，附义科管业，清甫亦无能置一词矣。[78]

这是一桩田山界至之争。案中没有提及所涉山场的登记亩分，但是祁彪佳丈量邻山开垦报税田土的面积，将不在税册内的田亩数都归了山主。

有些以鱼鳞册为证据的争山案例中，提到了"勘量""弓数""督弓正履亩按册清查"，似乎鱼鳞图册记载山场的数字，可经实地丈量得到覆核。例如，清代江西乐安知县吴文镕记："两造互争之茶子山，总名蛇形山。业经该县勘量，核与詹姓承丈及鳞册所载字号弓数均属相符，其谓并非官荒尚属可信。"[79] 张勤望在任宁国知府，"有徽宦与民讼争坟山案，积二十余年……遂督弓正履亩按册清查，而界址立分，悉以地归诸民"[80]。孙鼎烈在《四西斋决事》中记载了好几件用丈量的办法裁断山界纠纷的案子：

判得民间契买田地，以亩分为主，以四址弓尺为辅，大略买田则重亩分，买屋基坟山则先定界址弓尺，而后约计除粮。其亩分之数未必与弓尺筍缝相合，然要亦不甚相悬，故四址弓尺或有缪辖不清，仍当以亩分为据。……提纲挈领之法，欲清讼源，先明山界，欲明山界，须凭山粮，由分数以求弓尺，由弓尺以定界址，直可片言而决。……查卷内俞前县丈勘绘图，照管山顾阿六契中叶阿介所指马界，丈得上横四弓零五厘，下横三弓四分，左直长十三弓半，右直长十三弓，核应粮二分一厘，仅亏粮四厘。以直长十三弓计，横阔仅少三尺六七寸，一路为数甚微。而右首冯姓之界，亦亏粮二分三厘。此外均是章姓山界。两造所亏山地应各向卖主章姓理值。……因将俞前县勘丈时绘图当堂发给两造细看，以后悉照图中四址弓尺立石分界，各自管业。⑧

这个案例中，他定下了"欲明山界，须凭山粮"的基调，用实丈的弓数与山粮税亩数目相比对，再判定山界的具体位置。这种理处山界纠纷的思路，其前提是税亩与积步之间须有确定、真实的比例关系。

孙鼎烈似乎较为支持用丈量的方法来处理山界纠纷。另一个例子也是《四西斋决事》中所记的，在他看来，在处理争产纠纷时，不论是"山"是"田地"，都以粮额税亩为凭据，对于当事人所执"山粮一亩可抵十余亩"的"俗说"，他也嗤之以鼻：

> 此案陈孔琳等户，存有陈恭公、陈孔汉两户东壋二百八十四号共民山四分……。陈恩炳等户，存有陈元如户下同号民山三分六厘五毫，葬有陈元如墓。孙琳等执山粮一亩可抵十余亩之俗说，思欲独占全奥，指元如墓为盗葬……饬书勘丈，孔琳垦种

山之地已逾四分粮额，则照横路定界，其地浮于粮且不止倍蓰。而横路下恩炳等祖坟占地，核与三分六厘五毫粮额所余无多，自应各管各业。断令上至山顶，下至中间横路，东旁从横路下孔琳等所指祖坟右首一弓为界，直至山脚，皆归孔琳等管业。祖坟右一弓以外，上至中间横路，下至竹簧，皆归恩炳等管业。树木柴薪，各归各界收取，虽弓步稍有多寡，要皆地多粮少，两家祖坟各无关碍，永不许再有混争。⑧²

此案中没有出现契约证据，鱼鳞图册中同一号山下，当事两方分有税亩，并无四至分界，仅以双方口头指称。孙鼎烈比较实丈亩数与粮税亩数，再以自然界标定界。这样原来民间口头的、模糊不确定的分界，就有了书面的、官方的确认，分庄的税亩也就转化和落实为了实际的地界。这是经由诉讼的方式确认制造出来的山界。

上述两则实丈定界的案例，所涉及的仍是小片山地，我们还是不能夸大鱼鳞册内登记的税亩数字在山界争讼中的作用。从技术和效率上来说，对大片山场进行实测仍然存在一定的困难。晚清，冯桂芬检讨宋以来的清丈说：

> 盖自宋以来，所谓清丈者，无非具文矣，皆由不知前议罗盘定向，四隅立柱之法为之范围，有零数无都数，可分不可合，或盈或缩，甚或隐匿，百弊丛生。……又遇巉山宜用圆锥求面术，亦丈书所未必知，《苏州府志》载吴县办清丈，久之以山多难丈中寝，可为笑柄。⑧

因此大片山场的税亩大部分都不是实测的产物。而且因为赋税改革，一些地方的税亩可能经过多次调整、折算，所以册籍中记载的税亩与实际测量的积步之间的换算，有很大的困难。

定界合同

山主们也不把官方登记的册簿作为唯一的产权凭证。山场的析分、定界常常不报官登记，山场在买卖、继承中产生的界分、调整，也不能在鱼鳞图册中得到及时的反映，民间多以"定界合同"的方式来记录产权、界至的变动，并以这些私契作为凭证。这类定界合同在徽州文书中很常见。

第一历史档案馆完整保存了成化八年(1472)徽州祁门县的一件山场争界诉讼档案，卷宗名为《强占山土印阻木植等》，又名《抄白告争东山刷过文卷一宗》。档案记载了祁门县十西都谢玉澄和谢道本等人之间的山木和山界纠纷。该案的始末，以及其中涉及的明代诉讼程序问题，栾成显、童光政和阿风等学者都已经有过分析[84]，在此不赘。与本项研究有关的是，这件档案透露了在明代徽州这个有着最长久和完善的山场经界、登记传统的地区，确定山界的办法和各类相关证据的使用情况。

该档案包括"告状""供状""帖""申"，以及由里长等出具的查勘禀文、结状等。各类文书都显示，两造所争山场毗连，且均已登记升科，在经理簿册中都有记录。双方契约和经理簿册对涉案山场的字号、四至、亩步的记录都吻合。但是纠纷的一方谢玉澄说，由于永乐年间双方已有界至纷争，并重新立下界约，因此成化年间的实际情况与早年的契约、经理簿册的记录已有出入：

　　状告承祖唐字二千号、二千一号，共山五十三亩一十步，土名东山，经理及契开东至尖、北至坑。与本都谢道本等相共唐字一千九百九十七、八、九等号山连。永乐年间被道本父、伯、叔不依东至尖界，恃强那占，彼被势压，只得曲凭亲眷汪景韶劝和，画图用红笔立界，付各照业，经今五十余年。[85]

但是谢道本一方却说，这张所谓"界图"并不存在：

自有伊祖原还收领并伊叔父众立合同，各照印信、经理四至管业可证。道本等理阻，伊家托凭亲族……到山踏勘。因见坑路明白，砍过本家杉木，无制捏称伊祖凭亲汪景韶立有界图，饰词告府提人，本家亦以其情告府。俱蒙申明，伊家私立界图，无凭不准，帖发本县照依经理四至，从公勘判。[86]

该案最后通过比都里老的实地查踏，亲友调解，两造和解，"将其山界眼同画图填写疆界，一样二纸，各收一纸，照图管业"[87]。官府结案所给的贴文中清楚开列了两造所有山林的经理字号、每号山的亩步数字和四至。有趣的是，经过踏勘后结案的山林界址文字与两造各自诉状中的文字并没有区别。换言之，经理字号中的登记并没有改变，两造可能只是通过界图合同的方式明确了山界。

虽然我没有看到与上述案例对应的界图，但是这类为了山界纠纷或者买卖、分家的需要，分割山产，而私立的山界合同、山图，在徽州文书中很常见。《隆庆六年祁门方佐等立阄书》中有一条对山产的划界阄分记录，并画有山图。山业属于"朝字五百十一、十二、十四号并买朱家五百十三号陆分之一"。"其山十亩令（另）七十步，凭中品搭肥硗便宜好歹不以阔狭亩步为据。议从舍乙公坟右臂随垄分水掘沟埋石至降坟前照臂埋石直下到路为界，编作里外二勾。所买朱家分数津贴里勾，各照沟石永为定界管业，弯地竹木随山管业无异。"⑧这则在分家过程中划定的山界，写明"不以阔狭亩步为据"，而是详细描述了界线的位置，也没有提及重新到官府登记更新。

再如，同样是祁门县十西都的这张《建文元年立山地界执照》：

建文元年祁门谢銮友等立山地界执照

十西都谢銮友昨用价买到本都冯喜得山一片，坐落本都七保吴坑源，经理唐字二千八十七号，其山与谢翊先木瓜坞口山地连界，护换不明。今有谢能静愿出钞一十贯文，贴备銮友立定本家山地，南至岭，上至降随岭下至木瓜坞口田厂为界。日后各无易词，今恐无凭，立此为用。

洪武三十二（"建文元"三字涂抹）年十二月十五日 谢銮友（花押）立约㊾

谢銮友买到的这片山有经理字号，与谢能静的山界连，也许是因为原来经理唐字二千八十七号山本身登记的山界不清，也许是别的原因，谢能静贴钱钞与他重新订立了山界。从合同本身来看，这是一张未经官印的"白契"，因此两人重新立界之后，也可能没有报官更新鱼鳞册上的四至记录。

《正统二年祁门谢震安、谢能静等立界合同》是两家山界纠纷之后的重新立界。谢震安和谢能静的山地字号相连：

> 南北二至不明，两下互争。今凭众议将前项山地新立界至。其振安山地，南至坑，随坑出至田，随坑直进至上双弯口中心直上至平降抵谢日亚先谢能亨墓背坞头弯心，二家山界为则，其坑里一千九百六十号山地系谢能静李景昌二家同共对半管业，其坑外一千九百五十九号山地系谢振安谢能静等管业。今凭众议之后二家各不许竞争，如有易词，听赍此文赴官理治，仍依此文为始。今恐无凭，立此合同文书为用。正统二年三月十七日⑩

这件合同显示，两块山地的经理字号并没有改变，但是它们的四至界线改动了。从合同最后的"如有易词，听赍此文赴官理治，仍依此文为始"来看，四至的更改也没有在鱼鳞册等官方簿册中进行更新。此外，如《弘治元年祁门黄富等三人重立山界合同》（附有山图）[91]、《万历十五年祁门王诠卿等清界合同》[92]、《万历二十八年

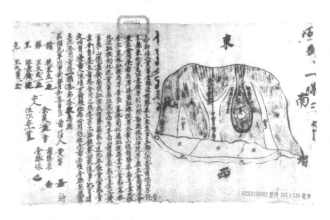

图5 《弘治元年祁门黄富等三人重立山界合同》
图片来源 王钰欣、周绍泉主编：《徽州千年契约文书（宋、元、明编）》第一卷，240页，石家庄，花山文艺出版社，1991

许应元等立钉界清业合同》⑬等，都记载了因为山业买卖的重新定界。这些定界合同中的界址表述都特别详实周密。

山场的重新划界还发生在股份经营和宗族共有山场的权利分配中。宗族山场中的"份"和权利分配不仅涉及宗族内部对族人的认定和继嗣权等问题，其析分也包含着划界、订立合同的步骤。《嘉靖三十四年叶氏叔侄等共分山地合同》记载一处兄弟共有的竹园坵地山股份，因为无人照管屡被内外人等侵害，所以"各照坟茔，从便分扒，订界埋石，画图填注，议立合同、定业不以亩步多少为拘，并照坟茔地段议坐本勾依图永远遵守"⑭。《崇祯七年林、方、金三家阄分业山合同》记载三家本来共有十二份股份中的十一份股份，"金林方三姓人心不一，自愿托中阄分契养，日后成材，照阄砍斫，不得越界侵砍"⑮。三家将股份转化成实际的三块山地，分别管业收益，因此划定山界，在合同后还分别开列三块山的四至土名。但这些析分给各户的山也并没有再登记新的鱼鳞字号。

这些清界或立界合同，都是白契。这种情况也显示山主之间的产权分割和界至划分，大多情况下是由私人间的契约合同约定的，且大都不在官方簿册中进行登记和更新。鱼鳞册难以记录、反映实际的界址变动。

综上所述，尽管明清时期的地方官在处理山场界址之争时，大都希望能凭借鱼鳞图册或以没有册籍依据为憾，如明代祁彪佳曾经感叹"莆山四至原无字号，易于混淆"[96]。但相对田土来说，山场登记不普遍，鱼鳞山册中信息粗略不实，或税亩难以复核，山产买卖、争讼、继承、析分过程中界址的变动极少在官方登记，这些都造成了在界址争讼的审理中不能完全依据鱼鳞册的情况。

明清时期，闽浙赣山区的地方官们一直在利用谱、碑、契约为依据，甚至以坟为断，来解决山场界址之诉。就像沈衍庆所说，"虽坟山例以契为断，碑谱不得为凭，然亦必视其谱据之确与不确，契界之符与不符，自可准情度理，以定中正之衡"⑰。官员们更在理讼过程中不断制造、重划、调整了很多山产的边界，他们通过调解、判决、为争执两造立界等方式，参与私人山产的确权。但这个过程并不必然伴随有丈量或升科等手续。换言之，相当部分地方官在山场产权界址诉讼的审理中，即便知晓山场之利的存在，而且直接参与了产权的界定，也并不会主动要求这些山场升科纳赋，将其登记进入国家的地籍系统中去。这种状态，是与明清赋役和财政制度有关的。

四、未登记山场的界址争讼理处

在前文中，我们从民众对山场资源的开发利用以及国家对山的赋税征收，讨论了山场权属和界址的出现。但这个过程在各地并不是同时出现、同步发展的。徽州、严州、台州的一些山场在南宋时期就已经界、登记，但东南大部分地区的山场却一直到晚清民国时期都少有登记。因此，南宋之后，东南山场大体可以被分为两类。一类是进入国家赋税系统的山场，除了前述在南宋经界时集中被登记，此后代代沿袭下来的那些之外，人们在日趋激烈的山产竞争中，为了确权也有向政府报请升科。另一类是没有进入国家赋税系统，民间主要以契约的方式管业、确权的山场；甚至也有些后来所谓官荒或公山，其权属始终没有书面的确权凭证。这两类山场的界址争讼呈现出不同的特点。

从浙南、福建的地方志记载来看，这两地虽然属于山区，但山税数量极少。甚至开山为田后也常常不开丈登记。民国《永泰县志》记载："永邑开山为田，农勤则增，惰则减。佃人于附田之山锄危剧险，惟力所及，任其播种，官则按籍征赋，主则计亩收租。若履亩而科其赋，则弃而遁去，复为榛菅。故买产之家惟识佃户，不知有田。田在深谷高岩，未易蹑屐至也。"⑱因此，官府不仅对山产，甚至对山中的田地，都没有赋税登记，山业的记录和确权凭证主要依靠契约等民间文献。在这种情况下，民间的山场界址纠纷的处理也主要是围绕着契约来展开的。

明代隆万年间福建永福县的一桩山场越界争讼，形成了两张契约：

立合同退批人叶邦棉、叶恩敬等有祖山坐落碓垄头朱厝围杨厝等处，与黄进明隔连混杂，讦告到县，遂托亲人郭承茂前来和处，情愿进明契内山场栽插竹木退还进明照旧管业外，进明承得林懋经茶榴林一所，坐落垯儿后头垮，退还进明前去纳租，不涉叶家之事，其杂木空山各自散行，不在此禁。

向后子孙各自遵守不得妄生事端，如是生端，报众公罚银一两三钱铺路，二家情愿，各无后悔，各立合同二纸各执为照者。

隆庆五年三月 日 立合同退批人

叶邦棉 押

叶恩敬 押

叶马 押

叶邦椿 押

叶景周 押

叶恩添 押

公和处人 郭承茂 押

在见排年 郑华周 押

郑希武 押

立合约人叶邦榆有山场一派，与黄进明山相连，前隆庆年间因界址未清□掌入黄家界内，致控到县后经公劝，将误掌之……培茶竹等木立约退还黄管，兹因族侄未知山界……黄家杉木又控施主主两造允息托请公人踏清界址，水流村头一边尽系黄山，水流碓头一边尽系叶山，前后左右俱照仑脊凭水分为界。自约之后叶家不得越界混占，黄家子孙亦不得叛约过界混相采取，并不得藉强侵占。如有不遵规约，告官甘罪无词。此系二家情愿各无交……无凭，立合约二纸，永远各执一纸为照者。

计开山号

一自葛藤坪起至上岐垊太公仑官路畲桥头坪坑口水流庵头系叶家山 空白

一自仙山下起至员林枫柏垊里庄虎栏仑下……水流碓头系叶家山 空白

一自火尾垊岩隔炭……仑脊直至水浪垮水流碓头系叶家山 空白

一自碓墩头埔上仑桥头坪垊仔彭洋头菁鏊墩师

姑坑炭窑坪下亲岐红姑林牛栏坑杨厝垠朱厝园四围
水流村头系黄山 空白

万历十一年八月 日立合约人 叶邦榆 押

邦棉 押

在见人 许钦灿 押

公笔代字 郑一江 押 福建省永福县印 ⑨

叶姓与黄姓的山场毗连，隆庆年间黄姓进入叶姓山
场界内栽种，两造邀同公人调解纠纷。第一次纠纷调解
结果是将黄姓在叶姓山场内栽种的竹木归属黄姓所有，
合同并没有提及界至。但是到了万历年间，两姓再起争
界纠纷，起因是"族侄未知山界"，所以此次调解后立
约，重点对两姓山场的界至做了非常具体的说明。这些
山场并没有官方的登记记录，在界至争讼之前，两姓对
所有的山场界址的认识，是根据旧有的契约，还是建立
在习惯和共识上？这一点我们并不清楚。但很显然，两

姓山场的界至在这些纠纷中，通过地方社会的调解和立约的活动，在书面上精确化了。

未经界山场的界址争讼也有相当部分是通过官府的诉讼理处而解决的。清代浙江的严州府在南宋属于两浙西路，是经界的重点地区，但即便如此，其间仍然有大量山场直到清代也没有登记入鱼鳞册籍。段光清在浙江建德处理的一件山场案，甲方在山脚有坟，家谱中有载，但并无契据；乙方契据俱全，且每年纳粮。段光清认为："坟地有谱据，历年既久，坟应属甲，乙不能争也。乙之粮山，有管业契据，山应属乙，甲不能争也。两造之争，非争山，亦非争坟，但争界耳。"[100] 在记录这个案件之前，段光清首先说的是："建德民间田产，皆有鱼鳞细册核对……惟山场无鱼鳞细册，故争山案情较争田难断。"[101] 所以，乙方的"粮山"虽然有契约，甚至有交税凭证，但却没有鱼鳞图册可供查对，而粮串、税票、推单等文书中极少登记产业四至。

同样的情形，在段光清的江山县令任上再次发生。他说："及余登山之日，山无鱼鳞册可凭……坟山献谱注，粮山呈契据，谱注不言山界，契据只载山名。"他劝说两造各自退让，并亲自为他们重新安石立界："今即挖定立界基址，俟尔两造赴县具结完案后，尔家界石办齐，余再来为尔安石。越数日，石已齐备，两造具结，余即至山安石。其后江山争山之案不下数十起，皆来请余立界云。民间自相谓曰：我江山县山界本系浑囵，我等皆愿段太爷为我安界，以杜后日争端。"⑩

诉讼档案也反映了一些山场起初没有被升科和登记，但随着开发和产权的争夺，其界址被一步步地确立起来。例如嘉庆九年（1804）"浙江龙泉县方启浩因争山场事致死无服族侄案"，是同姓族人两块山场的界至纠纷。两造都供认，各自先祖在清初分别购得山场后，并未立有明确的边界，"山是祖上遗传，界址不甚明晰，兼系荒山，并无出息，一向不曾清理。即出些山笋，大家掘食，也不在意"⑩。嘉庆九年，因为出笋较多，两方争山发生冲突，闹出命案。之后，所争山场由县勘明，"断令各半管业，立牌定界"。事实上，涉案山场在康熙、雍正年间曾经买卖。换言之，在更早的时候，这些山场已有业主管业，但是界至并不清晰。只有当有利可图的时候，厘清权属的需求，乃至关于界至的纷争才会出现。清代后期，东南山区争山纠纷酿成命案的史料较多。道光实录中有福建漳平民人李尾儿、李宝等争山，酿成九人命案。道光皇帝认为"命案各起，多为争山起衅，情节凶暴，不独凶犯必应拿获，尤须将山场踏勘清楚，方免再起争端"⑪。漳平知县延不勘结，也被处分。案件最后由漳平、龙溪两县知县共同勘明，立界结案。

这两起山界纠纷所引发的人命案中，所涉及的山场均没有税粮，也没有登记。诉讼正是山场权属、界至从模糊不明到逐渐清晰的过程中的一个重要环节。值得注意的是，在这些案件中，即便官府介入了纠纷的解决，也都没有要求这些山产升科纳粮，没有对其进行官方的登记，而是为双方定界结案。因此，这些山场的权属和界址确认仍然以契约或判决（批词或堂谕）为最主要的证据。

龙泉司法档案的晚清部分有几件案子涉及山场的界址纠纷，反映了这些主要由契约确权的山场界址纠纷和诉讼过程。

以"光绪三十年金林养等控吴礼顺纠党强砍案"[16]为例，吴礼顺在呈状中说明自己山场的权源和界址：

> 承太祖文照遗有历管数代之山场一处，坐落木岱庄，土名沙木坑口安着，半系佃管，半属自管，四至零清。只因北至牛萌岗与地恶金林养等契管之上至牛萌地毗连，日前身家插扦杉苗，该恶等早存越占之意，惟是杉木非三四十年不大，彼此各未砍木，任由指东作西，不与计较。刻因自杉木颇大，

雇工砍下，计砍杉木六百七十余株，且砍之木还是山内小土名承除，远距金姓毗连牛萌岗相隔甚远，不谓金林养□□□□□□□，辄敢跨岗逾湾，混讼强占。[106]

金林养则辩称：

身等冤遭吴礼顺纠串三十余人持斧长刀，于七月念二日强砍身山契界外至高际大岗直下大溪界内杉木□八百余株，随投地保陈福兴、伊亲金玉田、邻村李有妹、吴相左看明。吴姓契据，以木岱村□坑之据，北至牛蛮岗，路隔十五里，契据罩占混争，土名四至不符……身旋邀宪差登山看明山界，外至高际大岗直下大溪，此界高际分明，有际有水，通流直下大溪，毫无混杂，界内又有身家坟茔赤凿。砍木八百余株，系坟茔之岗湾直上，现有树脑可验。吴礼顺恃强欲将魁杉先放，希图运销，前经伊亲核契勘界，又经宪差看明实情，足可吊质，该山界址与礼顺悬隔分明，并无纠葛。[107]

案关两造所执契约中记述的山场在实地的位置，因此金林养在后续的呈状中详细论述了双方契约中表述的山界和实地的情况：

> 其山阴阳两面，阳山坐向塘上村，阴山坐向木岱村，路至塘上桥坑，隔十五里，其阴山之顶，岗名牛蛮岗，系石岩，不能栽树，无木。伊界牛蛮岗，身界牛蛮地，悬殊各别，所砍之木，系身界内高际大岗直下大溪，杉树现有树脑赤凿，胆以木岱村沙木坑之契呈案混饰。木岱村系通衢浦之大路，至塘上村桥坑十五里，路径途人尽知。[108]

关于山界纠纷的陈述，大都与此类似。与田土一样，山场有土名，有四至，四至一般以山的自然形态，如山岗、分水岭、巨石、溪流为界。在这类越界混争、强砍山木的诉讼中，查验契约并根据契约中的四至记录踏勘现场，甚至绘制山图，都是一般必需的步骤。但是正如这个案件所显示的，真正要凭借这些契约确认山界却并不容易。本案两造山场相邻，所执契约中的界址表述含糊，不仅"牛萌（蛮）岗"和"牛萌（蛮）地"地名混淆，而且这些契约中的地名、山岗对应在实地的位置也没有统一的认知，所以金林养在第二份呈状中要特别申明"途人尽知"，来说明自己对契约文字的解读具有合理性。该案的结案文书不存，所以我们不知道最后知县是如何判断这起山界纷争的，是否采纳了金林养的解释。

"宣统元年郭梦程等与郭梦璧等互控祖遗山产案"[109]，是一起两村郭姓族人之间的山林族产纠纷。该案中保留了从明弘治三年（1490）至清道光十三年（1833）间的相关契约抄件八件。最早的明代弘治三年"围书"的抄件如下：

> 七都住人吴怀真同弟怀义承祖置有坟山一处，坐落本村，土名西山头等处安着。其山东上至三兵儿山顶，南至车盘坑直上，西下至石门栏横路，北至霹雳尖分水为界。□□四至明白。今因家道贫难，兄弟相义，欲行移居去到庆元县住□。思及前山并等处坟穴、荒田等管业不便，自愿凭中将其山场等项围与一都女婿郭永增前去管业为主。所围之山等件，日先即无重叠交为碍等事。如有此色，围者自能一力支当，不涉业主之事。其有当日接收围书内银一两正。自围之后与伯叔子侄内外人等，不得遗误言止。如有子孙遗误言止，仰执此围书经公陈理。今恐人言难信，故立此围书，永远为用者。
>
> 弘治三年闰九月十四日立围书人吴怀真仝弟

怀义

在见母舅沈宗代笔人连普藏俱押

  这件"围书"对山产的描述信息，包括坐落、土名、四至。山场四至以山的自然形态、分水、道路为标志，这基本上与清代契约是一致的。但是，这一契约所描述的山产中只包含有山林、坟穴和荒田，也就是说，即便有垦山为田的开发，这些山田也还未在官府登记。此后，这块山地显然经过了多次分割、继承和买卖。但现存八件契约抄件，只记载了某几次的交易，无法依据这些片段的契约，追踪所争山产自明代以来至清末四百多年间管业、分割、买卖的具体过程。我们从这些契约中看到，在山产的历次转让、买卖、租佃等过程中，形成了众多小土名和表述各异的界址。事实上，凭借这些契约中互不相同的土名、四至，甚至很难确认它们是否同出于明代第一件契约中的山产。

界址信息在山场的开发、买卖、继承或纠纷中不断被制造出来。这个过程在诉讼档案和纠纷调解、分家、买卖文书中都能看到。民间调解、订立划界合同的做法，在明清时期东南山区到各地都有所见。除了前述徽州的定界合同之外，浙江文成县的契约文书中也保留了一件在嘉庆年间经过民间调解、划定山界的契约：

　　　　立公据厉沛霖等，今因钟永亮与周士光等，控争八外都土名高斜山场，霖等念两造系属于邻佑（按：原文如此），不忍坐视，代为秉公理息，分画界址，以杜后争。该山坐外手边钟姓田畔者，归钟姓，界画寨山大脊塝外边直下坑边为界；山寨内手山场界画寨山大脊塝内边直下坑边，归周姓管业。所有现在钟姓在周姓界内开种之地，及周姓在钟姓开种之地，日前各照现在种植，日后两家不种，其地各还自前画界归管，两不得背行种树，重起争端，自分界以后，各宜照界管业，不得另生枝节，今欲有据，立此合同公据，各执永远为照。

嘉庆九年九月初六日立公据 厉沛霖 林联三

听息 钟永亮 钟国美 周士光 周子鑑

地保 留士富

代笔 厉以庄⑩

在这次山场争讼的调解中，两造和中人们指认了一道"寨山大脊塝"作为两家山场的分界线，这条山塝的名称是在此之前就已经被当地人所公认，还是在这次划界活动中才被命名确定下来的，我们并不知晓。经过这次划界，它成为两家山场的界线，也在契约中留下了文字的记录。由于上下手契约之间的承袭关系，如果两造的山产在后续因为买卖、分家而转移或者进一步析分，这个分界的名称就可能在之后的相关契约中出现。

这次民间的山场划界约定"该山坐外手边钟姓田畔者，归钟姓"，透露出山场划界确权的一种常用做法，即认为山场和相邻田产之间存在某种连带关系。这种以田主确定相邻山产的山主的做法，在清代和民国初年的司法判决中也有使用。

前述郭梦程等与郭梦璧等互控祖遗山产案，龙泉县（今龙泉市）执事长李为蛟于 1912 年 6 月裁判郭梦程等以伪契、废契图占山产，抢运山木。郭梦程等对此判决立有甘结。但是，当年 12 月郭梦程等即以"李执法员偏断勒结"，上诉至浙江第十一地方法院。在他们的辩诉中，我们得知，对方当事人争夺山产的论据是"因田管山"："据璧呈称，原丈之田，无论前明谁氏开垦，凡前清雍正间原丈过者即为开垦之田。田傍之山，即可因田管山云云。"[⑪]这一论据得到了法院的认可，次年 2 月 28 日浙江省第十一地方法院判决文中说明："两造所呈契据均无何等价值，难以即凭契断案。"

讯得两造所争之业，既无别项确实证据，自应即以官册为凭，如官册原文之名为车盘坑族太祖，即为车盘坑族原来之业。如官册原文之名为地畲村族太祖，即为地畲村族原来之业。但官册只载既垦之田，并无载未垦之山。本院因是推定，以自己之山垦田为原则，买他人之山垦田为例外。如他人无确凿之反对证据，则田为谁家原丈，即推定田旁之山为谁家之业。至原丈后，田有出入，当仍以契据为凭，不在此例。⑫

这份民国初年的判决书认为，不完整的或者难以判断真伪的契约，无法作为裁判的依据。可以依据的是所谓"官册"，也就是官府对田土的登记。但是山产并没有官方的登记，所以只能以就近的田土登记为参考。

"宣统元年郭梦程等与郭梦璧等互控祖遗山产案"及

其判决，也让我们对契约在确认山产权利以及山界上的作用产生了怀疑。在各方的表述中，晚清龙泉的山产与田产一样，管业全凭契据。但我们仔细研读每个案件的档案，就会发现实际情况并不是这样简单。山产的继承、租佃、抵押、买卖等经济行为，都伴随着对山界的重新划分、定义。这个过程往往起始于数十甚至数百年前，中间转手、分割多次。这些经济行为在传统中国多依靠契约来记录，但仅凭契约文书并不能在山产山界的纠纷中"定分止争"。一方面，相关契约、文件在漫长岁月中的遗失、错伪，使得人们难以凭借契约追究山产管业的历史过程。另一方面，契约之外的因素，如山场中的坟茔、新开的山田等同样被当事人作为争夺山场权利的根据。而且这些契约不载的因素，也常常为官方所认可。除此之外，契约对山名、界至的定名和书写有随意性，这使契约作为山场信息的书面记录载体，在确权（尤其是界址纷争的确权）上面临很多挑战。

五、界址的定名和演化

如前所述，东南山场界址从无到有，早期是以墓志、碑记刻石的形式记录、宣示的。从唐代墓志的记录推测，为墓葬而进行的山场买卖中，已经出现了契约，这些山场的界址就是以四至来划定的。而且如果仔细分析越窑瓷墓志中的四至表述，用以作为界标的，包括山脊、分水、岗、树木、路、坟墓等元素，或以邻人产业为界，并用"直上""横过"等词语描述山界的走向，这些表述方法与后代的山界四至表述方法是一致的。换言之，最晚在唐代，东南山场的四至界址表述方式已经基本形成了。

宋代以后关于山场界址的官方记录，来自产税登记和诉讼确权两种途径。"经界"使部分山场被登记，拥有了字号，"都保"成为定义山场位置的重要内容。"字号"

和"都保"一经出现，就反映在契约中，成为具有确权意义的符号。它们与四至、税亩/积步、土名等信息一起，构成了对作为产业的山场的定名。从目前所见闽浙赣地区山场契约来看，以地名（乡、里、都）和山（土）名、四至表述山场界址是普遍的做法，而有字号、税亩记录的主要集中在安徽徽州，江西玉山，浙江台州、衢州、严州等地部分山场的契约中。福建安溪、闽清、莆田、闽侯等地的契约中，有的注明是"税山"，但是并没有列明字号和税亩。

如前所述，宋代以后的契约中，部分山场有了较为精确的数字计量。这些数字分属于税亩和积步两类。目前留下来的山场积步的数字，大致属于两种情况。一种是山场中较小块（一般不超过1亩）的山地或者墓地，它们的确有经过实际丈量的面积，甚至有四周的步数，这些面积数字产生于小块山场的开垦升科、买卖或纠纷诉讼中的勘丈。另一种是较大面积的山场数字，比如地方志中记录的州县山场面积。由于缺乏南宋经界后留下的图籍资料，对于这些数字产生的具体过程，我们还不清楚。这些数字主要是对赋役的计算与征派有意义，很难在诉讼勘验的时候通过复丈进行验证。当然，字号、税亩本身就是山场经过国家登记的证明，就是一种产权凭证。

四至表述的精细化

具体到与山场界址有关的确权诉讼中，四至仍然是最重要的信息。清代，只有土名没有山界四至的契约在界址诉讼中是会被质疑的。《诸暨谕民纪要·俞求明控俞宝三砍树由》中，知县倪望重就说："（当事人）所呈契据仅有土名十余处，并无四至界限，显系在意钻谋，以为借号影射地步。盖大江以南，间或强有力者为之，一经聚讼，必以契载四至明晰为凭。而此混载土名一网打尽之契，概不足据。"⑬山场四至是由对界标的确定和表述构成的。虽然如前所述，最晚在唐代，东南山场就已经开始用四至表述山场的范围，但山场四至和界标的表述形式仍然有一个发展的过程。

浙南缙云县七里乡陈村南梵俨寺内的南宋祥兴元年（1278）弘农杨氏舍田碑碑阴开列了杨氏所舍田山产业。其中田产注明丘数、土名，以秧苗把数计数，如"田一丘，土名新丘，计秧一百把"；山产则以"片"计，注明土名和四至，如"山一片，土名家后，东至自山及叶宅山，南至叶宅山脊，西至施宅山，北至叶宅山"[⑭]。这通宋末元初的碑记说明，彼时缙云的一些山场已经被私人占有且划定了界线，是以相邻业主的姓氏产业为界的。这种表述方法用于界定田地四至，早在西周五祀卫鼎铭文中就已经出现了。它一方面说明山场私人占有的发展程度，另一方面也显示了在明确界至的需求刚出现时，界标的选择仍然是较为随意、没有长远规划的。

新近披露的福建永泰县《弘治三年黄外生卖山契》，契约的后半部分开列条号四至如下：

一号山茄垅，一号山下□崎，一号山炭□坪，一号山牛栏坑，一号山蚗角，一号山彭洋头，一号山□林尾。

东至桥头坪大路，西至黄蚗头叶家山，南至石狮崎路，北至里庄田。共九号。⑪

这与浙南缙云碑记中记载的情况类似，山的周围或者是属于其他业主的山、田，或者是路，显然已经被开发和开垦。但四至界标的表述也较为简单，除了路、河等天然的线状边界外，界标仍然是点状的物体，还没有将点状物体连续成界线，也没有人工创制的界线界标。

随着山场权属观念的发展，山区的官民对于哪些地理环境特征更适合用作界标，形成了一套较为固定的知识。如前所述，宋代袁采就曾在家训中论及山场界至的选择问题。由于每个地方山场开发、私占的历史进程不同，所以四至界标的选择、表述方式的演化过程并不统一。袁采对于四至界标的担心，在清代一些地方的山界争讼中仍然可以得到证实。《槐卿政绩》中有不少案例反映了一些变化频繁的、不固定的界标，如某家的产业、树木等，通过诉讼逐渐被更固定的、清晰的界标所取代。如《藐断屠占事》记载，吴乘鳌等有前明祖遗坟山一所，名为大山。东、西至湖，北至滇，南至大枫树为界，到了晚清时与邻山夏姓争界：

惟旧载南界之枫树，年久无存。现另有株树一本，近夏业山嘴三分以内，若仅依样胡卢，不为明定疆界，恐在夏姓恃枫树之乌有，因之旁行斜上，觊觎吴山。而在吴姓，谓株树之可凭，或且指李代桃，侵陵夏业，日后徒滋轇轕，非平争息竞之道。查该山，南面至株树以北，古冢为多，均非吴、夏两姓之祖。由株树而上至古冢前一层，中间相去约

以丈计，断令即以该丈许之中为度，钉立界石。界
北为吴、界南为夏，各管各业。交界处所，两造均
不得添棺插葬。⑯

原来契约中作为界标的树木，因为年深日久而改
变，所以在后代的界址争讼中被纠正，代之以界石。同
样的原因，以坟茔、相邻业主的姓氏等为界标的情况，
在较晚近的契约中出现得就越来越少了。可以连续成线
状的山岭自然地理特征和人工埋石定界成为主流的四至
表述方式。

根据我们对闽浙赣明清时期山契的考察，在山形地
貌中，常被作为界标的有如下几类：一类是以山岭的自
然地形特征为界，包括岭、尖、岗、脊、仑（主要在福
建、江西修水）、降（主要在浙西、浙南、江西婺源）；
合水、分水、坑、塆、流水、溪等。这种以自然地形为
界标的方法，也经过了由简到繁的演化。《诸暨谕民纪

要·周德元等控王启官即启贵搬柴图占由》中涉案的山场早先经过一次诉讼，前任县令"断有东至石壁、西至登石、南至五峰、北至虎洞上横路，其山具归寺僧照管等谕。"但是这些"石壁""登石""五峰"等界标，笼统含混，没有起到确权作用，两造很快又因争界起诉。知县不得不对上述界至表述详加解释：

　　其谓东至石壁，上路内即周德元等山之上首，在分水外一角之山，当年并未归入寺内，所以仅言石壁也。又谓南至五峰，而其峰相隔尚远，不过悬指而已。至五峰断不能管五峰也。若西至登石，石在而明明可辨，不待言也。至谓北至虎洞上横路，非以虎洞为界，是指虎洞上之横路为界，足见虎洞在下横路边也。况寺有虎洞下之名，虽界至虎洞，亦安得管虎洞之山耶？⑪

另一类是人工开辟或建筑的界线，如墈、埋石、界碑、火路、横路等。这些人工的界至，也会遇到灭毁、伪造的问题。《槐卿政绩·罩占坟山事》记载，黄、王二姓山界相连，王姓在山上刊立了一块四至碑，黄姓以其冒占山界，怒仆其碑，王姓遂控县及府。

本县覆集研讯，王姓前刊之碑，四至方向均属浮混，即如石岭山南为黄姓锣形山，锣山之南方为大河，而王碑以大河为石岭南至。试问中隔锣山，移置何往？其谬妄已不待辩。东至、北至均称挖沟为界，沟无定形，匪一成而不变，挖无定所，岂厚重而不迁，尤未可据以为准。……伤将原碑及越插各界石一并起毁，以杜后衅而免侵陵可也。⑱

山场界址争执，以及伪造、滥造山界证据的诉讼频繁出现，反映了山场资源竞争的加剧。也正是经过一次次的纠纷和诉讼，人们对山场分界界标的选择更加谨慎，越来越倾向于选择不易变更的界标作为山界，契约中简单以岭、坑、岗为界的四至，逐渐被代之以更具体详细、准确的表述方法。例如，"左至岗后山铅（沿）至横路埋石随路出至岗应姓山并文举山分水为界，右至岗后排内登发山及登富山斜直下埋石为界"[119]，这类语句冗长的界至描述，综合了自然地貌、山邻产权和人工埋石设界等方式，并且用"连点成线"方式表述了一条连续的界线，成为更精准也更严格的定界方式。

山场界址的"名"与"实"

东南山场从模糊的共有或公有，到通过划界逐渐变成各有其主的状态，这段历史的背后也是人们对山场的认识逐步细化、具体化并落实到文字的过程。山场命名、界址从无到有，由简到繁，无疑与山区人群的聚居和开发相关。但不论是通过将山产山界登记进鱼鳞册籍，还是通过争讼由官府谕令、立碑或民间调解签订契约合同，"界"甚至山的命名都不是标准化的，也不具有唯一性。明清山界诉讼中经常遭遇的困难，是上述"证据"文书中的"名"与实际山场界址的"实"之间的对应问题。

孙鼎烈在会稽处理的一件山界纠纷，两造山场均有承粮税亩，以水沟为界，各有土名：

> 光绪二十二年……本年二月二十三日提集堂讯，尔峻棠、汝棠与陶森荣佥供，尔岐莘户承粮之山一亩七分，土名梨树坞，在水沟之东；陶春森户承粮之山二亩，土名镬底潭，在水沟之西，各有应管之山，两相吻合。是只需查明梨树坞山之坐落，即尔等应管之山便有着落。本县以山名众所共知，断难影射……是以断令自水沟之右梨树坞山皆归尔峻棠等执业，自水沟之左镬底潭山皆归陶森荣等执业，毋许越占。

但是双方具结之后不过十日，陶峻棠等又赴县喊呈，知县不得不亲自登山踏勘：

> 本县不惮烦劳，亲逾陶晏岭至下家岙，勘得大水湾水沟只有一道，从水沟左陡峭处上山，涉险登高，察其山峦起伏，水沟环抱。观者数十百人，遂令于众人中各邀信服者二人来案听审。讯据两造邀来之陶尚信、陶尚美、陶启元、谢武俊等佥称，本县所登之山为镬底潭山，水沟之右为梨树坞山，是应管之山各有定名，山之坐落各有定所，各管各业，无可复争。[20]

这则文字很详细地记录了知县主持争议山界的确认、划定过程。原来存在于村众各自认知中的山名、分界，如"镬底潭""梨树坞"等，在争讼中通过知县主导、"观者数十百人"的查勘程序，才获得某种程度的确认。

前述清代沈衍庆《槐卿政绩》中以鱼鳞山册与所谓"军册"为证据争山的案件，双方对于所争山的土名就意见不一："查黄之狐狸脑，熊争之为羊角坑；黄之北岭骑埁，熊争之为赵子岭。"[12]《槐卿政绩》中还记载了一件山界诉讼的审断过程："岳庙岭之前有山场一所，总名鼠山。北段为鼠头，业系邹姓。中段为鼠腰，业系兀姓。南段为鼠尾，业系黄姓。"邹姓将己业出卖，辗转由叶锦枝等购得。叶锦枝等与兀姓因樵采越界构讼。兀姓并无卖契，只有一本乾隆年间刻有山图坟墓的族谱及一纸佃山租批。叶锦枝等执有嘉庆年间的卖契，上有"'南至郭、王二姓山为界'字样"，并没有界临兀姓山业的记录。但"附近山居之孙以应、沈时来均供，居室与兀山相望，即南段管山之黄门仍亦称北至与兀界毗连。不特今无郭姓其人出认山主，昔并未闻郭氏其族近作山邻"。处理此案的官员认为，这种情况的出现是因为契约写作之误："当日之书契，显系乡愚无文，误兀为郭，并误黄为王，谐声假借，讹以传讹。"他为两姓重定了山界，并改正了契约上的文字："应断令锦枝等照契管山之北段，（兀）胜泽等照谱管山之中段，离兀坟三尺为度，直至山脚钉立界石，并将书契误兀为郭之处更正。"[122] 此类契约书写界址时，从口传到文字而产生的差异或错误，在地名以及语言都没有标准化的传统时代并不罕见，直到民国时期的案例中还有所见。[123]

界上之争

就如上述各案例所示，地方官员在山场界址争讼的处理过程中，经常面临的问题就是对契约中的文字描述进行理解、确认，甚至解释。有时候，这种解释难免是官员的"独断"。特别是涉及"界"本身的权利归属时，由于文字表述的模糊性，官员的解释几乎是"一锤定音"的。例如，倪望重在处理一件山塝界案时说："夫李契有云：

'外至樟树'，则樟树非李姓所有，而为冯姓界旁之树也。冯契有云：'西至卖主山墈沿'，则墈沿以下非冯姓所有，而为李姓界内之山也。……断令冯秀潮等将该山自樟树以内即契内山墈沿之上，照旧执管，仍当交界之区，不得妄得砍树。如遇风折雪压，应归冯秀潮等拚锯。"[124]

沈衍庆在处理山林争讼时，也多次对契约中的界至文字进行解释。如《戕害无休事》一案涉及作为边界的"墈"的归属，他就解释说："墈系山脚之斜坡，山之墈犹墙之基，墙不能舍基而虚立，山不能离墈而孤悬。山与墈本浑然一体，时因山沿有路，而别之为墈，墈连山而不连园，则树属杨而不属龚。应断令除该山正东一带原有排立界碑，著照界各管、毋得互越外，其西南北三面山墈坡脚悉归杨姓。"[125]《毁界盗葬事》一案，赵姓向刘姓买有一片山场，四至中记录"西界侍婆坟下"。之后两造因山界是否包括侍婆坟在内而争控不休。沈衍庆讨论道："第查坟下紧逼古墈，袁（侍婆）坟葬于未售山之先，赵山买于已有垅之后。如果坟在界内，何契不书西至垅，而但云西至坟下？……断令赵姓山界西至除刘袁氏旧冢暨刘周氏新冢，听刘姓醮祭，毋许添葬。原立四至界石着赵天明等照旧管业，契内下字似赘，姑行抹去，以免争端，非臆断也。"[126]

　　"界"既是权利的分隔之处，也是权利的交接、重合之处，因此"界"成为非常敏感也极易爆发冲突的空间地带。这些围绕着"界"本身的争讼案例中，当事人或利用界名、土名的不确定性，或者利用文字表达本身的模糊性，发生争执。例如，《槐卿政绩·藉佃横占事》中说："朱姓之契，以堑为界。刘姓之谱，以坝为界。坝与堑，名异而实同。朱坝在堑之外，刘姓在堑之内，本自分明，毫不容混。至该山之为董家山、为绣球山，仅据两造之分呼，并无一定之实证。然朱契既有'坐落董家山'字样，坐落云者，所管明非该山也。……断令各照各据管业，以堑为界。堑上山地归刘用琼等承管。"[127]地方官在诉讼中对这些文字的解释和处理，很难说有可遵循的确定的原则，他们只是作为有权威的第三方给出一个希望双方能够接受（至少暂时接受）的解释或解决办法。

沈衍庆《槐卿政绩》记载："刘姓聚居之葛陂村，后有狮形坟山一座，为萧姓之独山。狮山之后，另有大仑山，乃刘姓之业也。"刘姓恃居山较近，在狮山樵采，被萧姓所控。前县以萧姓并无印契，只以族谱为凭，刘姓只有影射之远年陈契，而断令公禁。虽两姓均未具遵，但萧姓因公禁可以保护坟荫，所以因循相安二十年。后刘姓又入山樵采，以致再次兴讼。刘姓所执大仑山契中记载四至，南至与狮形山相交，"其南至横路丘石埂上塘，本在狮山之后，惟契内又有'至阁背四斗丘谢家祖坟连龙坟为止'字样。而狮山之前右适有古冢一圹，刘姓遂据为契内之坟界，几于有结莫解"。

沈衍庆在审理这个案例时，不仅采信了萧姓族谱中的证据，以坟断山，还对刘姓契约中的四至文字进行了重新解释：

> 第思该两山冈峦各别，一望瞭如。虽缩地长房不能混而为一。况狮山之北，大岕之南，俨然有石埂塘在，是鸿沟划界，已非无辙之可寻。至谢坟龙坟之确属何处，则契载前朝，年逾三百，乌知沧桑迁徙，都非马鬣之封，难保岁月升沉，不改牛眠之旧。似不能舍有定之山塘，而索无定之疑冢。……将原契涂销，另给刘姓执照，直书"南至横路丘石埂上塘狮形背岕为界"，俾其眉目犁然，各管各业。⑫

这个案例也说明，即便契约中有关界至的文字表述已相当详尽，但是指东为西、指鹿为马的界址纷争仍然无法避免。诉讼或纠纷的调解是这些文书中的文字重新被审视、考察、解读和修改的过程。在各方的较量、妥协之下，新的界址文字被制造出来，或者原有的界址表述被赋予新的意义。这个过程在山的确权中反复上演，逐步塑造并不断再造了山的界址，也再造、更新了人们对山的知识。

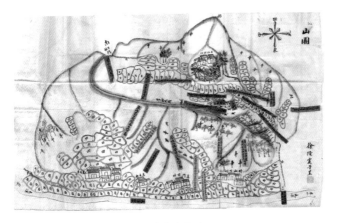

图6 民国时期诉讼山图中的地名界名指认
图片来源 包伟民主编：《龙泉司法档案选编（第二辑）：一九二四上》，499页，北京，中华书局，2012

山场界址表述从无到有、由简到繁的变化过程，也是山场知识制造、更新的过程。但是这套关于山场地名、界标、界址的知识，并不是客观的、遵循着一套官方标准形成的，而是山民、业主和官员、庄书册手等在一个长期的过程中,出于各自的目的而逐步制造出来的。一方面,小土名、四至边界的表述,随着山场的开发、买卖、析分、升科等活动不断增加,人们对山林的认识越来越细化。但这些命名一般只在当地,即一定的范围和人群中流传,通过口传和契约的书写,成为当地社会中代代传承的知识,保证了基本的确权需求,尤其在没有山场赋税登记的时代和地区,人们几乎完全倚赖于这套有限通行的知识确权。另一方面,通过契税、诉讼和赋役制度,国家、地方官员也参与了山场界址的制造。特别是在南宋经界以后,部分鱼鳞册等地籍赋税档案中的山场界址信息与民间契约中的信息,是可以相互参证的。这就是明清以后东南山场确权与界址争讼处理的基本的社会和制度背景。

注 释

① 戴建国:《宋代赋役征差簿帐制度考述》,载《历史研究》,2016(3)。
② 侯鹏:《经界与水利——宋元时期浙江都保体系的运行》,载《中国

农史》，2015(3)。

③　周曲洋：《量田计户：宋代二税计征相关文书研究》，82～96 页，博士学位论文，中国人民大学，2017。

④　(宋)王之望：《汉滨集》卷五《论潼川路措置经界奏议》，17 页下，文渊阁四库全书本。

⑤　《名公书判清明集》卷五，154 页，北京，中华书局，1987。

⑥　《名公书判清明集》卷九，325 页，北京，中华书局，1987。

⑦　《名公书判清明集》卷五，163 页，北京，中华书局，1987。

⑧　何炳棣：《南宋至今土地数字的考释和评价(上)》，载《中国社会科学》，1985(2)；侯鹏：《宋代差役改革与都保乡役体系的形成》，载《社会科学》，2015(8)。

⑨　《名公书判清明集》卷五，156 页，北京，中华书局，1987。

⑩　同上书，157 页。

⑪　(清)陆心源：《吴兴金石记》卷十四《胡文昭公墓据碑》，20 页上，清光绪刻潜园总集本。

⑫　《名公书判清明集》卷五，156～157 页，北京，中华书局，1987。

⑬　《名公书判清明集》卷九，328 页，北京，中华书局，1987。

⑭　同上书，325～326 页。

⑮　(宋)袁采：《袁氏世范》卷三《田产界至宜分明》，19 页下～20 页上，知不足斋丛书本。

⑯　《名公书判清明集》卷五，159、326 页，北京，中华书局，1987。

⑰　同上书，158 页。

⑱　(宋)陈淳：《北溪大全集》卷四十六，12 页下～13 页上，文渊阁四库全书本。

⑲　(宋)袁采：《袁氏世范》卷三《田产界至宜分明》，19 页下，知不足斋丛书本。

⑳　《名公书判清明集》卷五，159 页，北京，中华书局，1987。

㉑　杜正贞：《近代山区社会的习惯、契约和权利——龙泉司法档案的

社会史研究》，370~373 页，北京，中华书局，2018。

㉒ 华东军政委员会土地改革委员会：《天目山区农村情况》，见《浙江省农村调查》，9 页，1952 年 12 月。

㉓ 《元史》卷九十三《食货志一》，2352 页，北京，中华书局，1976。

㉔ 陈高华：《元朝的土地登记和土地籍册》，见《元史研究新论》，35 页，上海，上海社会科学院出版社，2005。

㉕ （元）危素：《危学士全集》卷六《余姚州核田记》，35 页上~下，清乾隆二十三年芳树园刻本。

㉖ 栾成显：《徽州府祁门县龙凤经理鱼鳞册考》，载《中国史研究》，1994(2)。

㉗ 王钰欣、周绍泉主编：《徽州千年契约文书(宋、元、明编)》第十一卷，5 页，石家庄，花山文艺出版社，1991。

㉘ 王钰欣、周绍泉主编：《徽州千年契约文书(宋、元、明编)》第十七卷，75 页，石家庄，花山文艺出版社，1991。

㉙ 王钰欣、周绍泉主编：《徽州千年契约文书(宋、元、明编)》第二十卷，13 页，石家庄，花山文艺出版社，1991。

㉚ 王钰欣、周绍泉主编：《徽州千年契约文书(宋、元、明编)》第十六卷，156 页，石家庄，花山文艺出版社，1991。

㉛ 王钰欣、周绍泉主编：《徽州千年契约文书(宋、元、明编)》第十八卷，71~74 页，石家庄，花山文艺出版社，1991。

㉜ 汪庆元：《清代徽州鱼鳞图册研究》，209、293~296 页，合肥，安徽教育出版社，2017。

㉝ 山场中被开辟为田、地的部分往往率先进行丈量和登记，在北方也是如此。金大定九年(1169)《宝山寺地界记》回顾了寺院占有山场的历史过程："大魏武定四年，敕赐宝山寺常住白药石山等地土，东至石门，西至林虑县界分水岭，南至西善应析河，北至水峪口河道。大齐天保元年，敕赐本寺白药石山一座，四至依前。大隋开皇五年，敕赐宝山灵泉寺白药石山等地土，四至依前。绕寺林木，并是本寺祖师坟茔之地。大金天会五年，

本寺僧定冲、法智等把寺投拜，并不曾离业。地内青苗一顷八十二亩。大定四年十二月，内给到户贴，天禧镇东菜园地和陆地计一十亩，东至元十七郎，西至道，南至道，北至元十七，即先师于地内拨地三亩与师侄惠安充修院地。寺南白药石山一带，斜缩峦岫不等，计地一顷。东至石羊峪，西至木口岭，南至山脚，北至采园峪口山。又次西沙石地一段，计一十三亩五分，东西各至隔，南至涧，北至山。又长峪坡沙石地一段，计地五亩二分，东西各至山，南北各至道。并其余绕寺地土，又二十三段，计一顷七十二亩零七毫。又承管王琪白石地四十亩，八亩熟土。纳秋粟二斗，物力钱十文。宝海立文字与宝山，每年出税钱二贯。大金大定九年岁次己丑三月十五日本寺住持比邱法智立石。"（据《安阳县金石录》录文）《宝峙地界记》，见王新英辑校：《全金石刻文辑校》，156 页，长春，吉林文史出版社，2012。"宝峙"疑为"宝山寺"之误。

　　据这篇记文，宝山寺在东魏武定四年(546)被赐"白药石山等地土"，其时已经确定了四至。而后，在北齐、隋朝都以"敕赐"确认寺庙对山场的产权，四至也没有变化。但此时这些山都还没有亩分的记录。随着界内的山陆续被开垦为地，在金代纳粮升科，获得政府颁发的户贴。此时寺产形态上仍有山、地两类，开垦为地的部分有各自的四至和具体的面积亩分；而"寺南白药石山一带，斜缩峦岫不等，计地一顷"，虽然也记入了户贴，但其面积只是一个折算为地的大致估数。

　　㉞　汪庆元：《清代徽州鱼鳞图册研究》，200 页，合肥，安徽教育出版社，2017。

　　㉟　《成化祁门胡氏抄契簿》之七一之八，见王钰欣、周绍泉主编：《徽州千年契约文书(宋、元、明编)》第五卷，111～112 页，石家庄，花山文艺出版社，1991。

　　㊱　《嘉靖祁门谢氏抄契簿》之九一之一〇《永乐二十七年十月廿九日谢则贤卖契》，见王钰欣、周绍泉主编：《徽州千年契约文书(宋、元、明编)》第五卷，291 页，石家庄，花山文艺出版社，1991。

　　㊲　顺治十二年《新丈亲供首状》，上海图书馆藏。转引自江太新：《从

祁门县〈新丈亲供首状〉所见》，载《中国经济史研究》，1991(4)。

㊳ 同治《祁门县志》卷十三《食货志·田土》，6页下。

㊴ 汪庆元：《清代徽州鱼鳞图册研究》，292～294页，合肥，安徽教育出版社，2017。

㊵ 《顺治丈量鱼鳞清册》，上海图书馆藏，登记号码563430。

㊶ 关于步亩换算，歙县《顺治三年丈量条例》规定：“惟山一节，以三百二十步为一亩。”《顺治四年十一月二十日丈量告示》规定：“山垦成地者三百零五步，呼山三百二十步，丈山三百五十九步。”这是积步换算成税亩时的不同标准，从这里可以看到在山业的计量中有“呼山”和“丈山”的不同，但歙县明清鱼鳞册在山业积步的记载中都没有标注是“呼山”还是“丈山”。叶拙园：《明清两朝丈量田亩条例》，1937年歙县集成书局版。转引自汪庆元：《清代徽州鱼鳞图册研究》附录三，485页，合肥，安徽教育出版社，2017。

㊷ 《浙江严州府遂安县清丈鱼鳞册》，上海图书馆藏，登记号码563364。

㊸ 《东阳县鱼鳞册》，上海图书馆藏，登记号码583136。

㊹ 《怀德乡落山草鱼鳞册》，上海图书馆藏，登记号码563134。

㊺ 《东阳县鱼鳞册》，上海图书馆藏，登记号码583136。

㊻ 李义敏、张涌泉、胡铁球主编：《汤溪鱼鳞图册合集》第1册，30～31页，杭州，浙江大学出版社，2020。

㊼ 《海瑞集》，190～192页，北京，中华书局，1962。

㊽ 同上书，192页。

㊾ 同上书，191～192页。

㊿ (明)释传灯撰，受教补：《幽溪别志》卷二，2页上，明崇祯刻本。

(51) (明)释传灯撰，受教补：《幽溪别志》卷四，2页上，明崇祯刻本。

(52) 同上书，2页下～3页上。

(53) (明)释传灯撰，受教补：《幽溪别志》卷九，21页上，明崇祯刻本。

(54) (明)释传灯撰，受教补：《幽溪别志》卷十一，3页上，明崇祯刻本。

⑤ (清)戴兆佳:《天台治略》卷二《一件饬议稽查异籍民人之法以杜奸匪事》,230～231页,台北,成文出版社,1970。

⑤ (清)戴兆佳:《天台治略》卷三《一件欺占夺食事》,367页,台北,成文出版社,1970。

⑤ 屈啸宇:《寺庙公产:传统地方社会冲突中的特殊领域(上、下)——以〈天台治略〉中的寺产案公牍为例》,载《台州学院学报》,2016(4);2017(5)。

⑤ (清)张联元辑,徐永恩校注:《清圣祠志校注》卷三,80～81页,杭州,浙江古籍出版社,2018。

⑤ (清)张联元辑,徐永恩校注:《清圣祠志校注》卷首《凡例》,14页,杭州,浙江古籍出版社,2018。

⑥ (清)张联元辑,徐永恩校注:《清圣祠志校注》卷三《印册》,79页,杭州,浙江古籍出版社,2018。

⑥ (清)张联元辑,徐永恩校注:《清圣祠志校注》卷一《详明观田归观等事署天邑篆顾廷臣覆文》,37页,杭州,浙江古籍出版社,2018。

⑥ (清)张联元辑,徐永恩校注:《清圣祠志校注》卷一《详明观田归观等事康熙五十七年十月第三次通详》,33页,杭州,浙江古籍出版社,2018。

⑥ 同上书,32页。

⑥ (清)张联元辑,徐永恩校注:《清圣祠志校注》卷二《详明观田归观等事议覆布政司文康熙六十一年三月》,51页,杭州,浙江古籍出版社,2018。

⑥ (清)张联元辑,徐永恩校注:《清圣祠志校注》卷二《潘宪傅转详两院文》,54～55页,杭州,浙江古籍出版社,2018。

⑥ (清)张联元辑,徐永恩校注:《清圣祠志校注》卷三《祠户四面山场土名分租册》,84～87页,杭州,浙江古籍出版社,2018。

⑥ (清)张联元辑,徐永恩校注:《清圣祠志校注》卷三《坟墓册》,

88～89 页，杭州，浙江古籍出版社，2018。

㊳　即便是明代的税票、推单等与契税、推收有关的官方文书，也很少记录山产的确切界址。如《永乐十九年祁门谢能静买山地税票》中只记录买卖双方的名字和交易价格，并不记录山的土名、四至和字号。《万历元年李廷鹏卖山推单》只记录买卖过割双方的名字，山名和山税数额。

㊴　如《光绪十九年汪祺洲断骨卖杉松杂木苗山契》，见黄志繁、邵鸿、彭志军编：《清至民国婺源县村落契约文书辑录（二）：秋口镇（一）》，400 页，北京，商务印书馆，2014。

㊵　张小也：《从"自理"到"宪律"：对清代"民法"与"民事诉讼"的考察——以〈刑案汇览〉中的坟山争讼为中心》，载《学术月刊》，2006(8)；韩秀桃：《明清徽州民间坟山纠纷的初步分析》，载《法律文化研究》，2008；魏顺光：《清代中期坟产争讼问题研究——基于巴县档案为中心的考察》，博士学位论文，西南政法大学，2011；张佩国：《林权、坟山与庙产》，北京，中国社会科学出版社，2014；李哲：《中国传统社会坟山的法律考察——以清代为中心》，北京，中国政法大学出版社，2017。

㊶　(清)薛允升著，黄静嘉编校：《读例存疑重刊本》第 2 册，277 页，台北，成文出版社，1970。

㊷　张小也：《官、民与法：明清国家与基层社会》，229 页，北京，中华书局，2007。

㊸　《龙泉民国法院民刑档案卷(1912—1949)》，浙江省龙泉市档案馆藏，卷宗号 M003-01-00091。

㊹　(明)祁彪佳：《莆阳谳牍》卷一《分守道一件人鬼号天事》，见杨一凡、徐立志主编：《历代判例判牍》第 5 册，94～95 页，北京，中国社会科学出版社，2005。

㊺　(清)戴兆佳：《天台治略》卷二《一件泣奏占冤等事》，301 页，台北，成文出版社，1970。

㊻　浙江省文物局主编：《浙江省第三次全国文物普查新发现丛书·摩崖石刻》，114 页，杭州，浙江古籍出版社，2012。

⑦ （清）沈衍庆：《槐卿政绩》卷二《恃势冒占事》，见杨一凡、徐立志主编：《历代判例判牍》第10册，183～185页，北京，中国社会科学出版社，2005。

⑱ （明）祁彪佳：《莆阳谳牍》卷一《本府一件欺孤吞业事》，见杨一凡、徐立志主编：《历代判例判牍》第5册，23页，北京，中国社会科学出版社，2005。

⑲ （清）吴文镕：《吴文节公遗集》卷三十九《公牍·批乐安县邱享八呈控争山由》，2页上，见沈云龙主编：《近代中国史料丛刊》第34辑，1055页，台北，文海出版社，1966。

⑳ 乾隆《遂宁县志》卷八《人物下》，48页上～下。

㉛ （清）孙鼎烈：《四西斋决事》卷二《马如麟判》，见杨一凡、徐立志主编：《历代判例判牍》第10册，542～543页，北京，中国社会科学出版社，2005。

㉜ （清）孙鼎烈：《四西斋决事》卷五《陈绍正等判》，见杨一凡、徐立志主编：《历代判例判牍》第10册，605～606页，北京，中国社会科学出版社，2005。

㉝ （清）冯桂芬著，刘克辉、戴宁淑注说：《校邠庐抗议》上卷《均赋税议》，162页，开封，河南大学出版社，2017。

㉞ 阿风：《明清徽州诉讼文书研究》第七章"明代中期的山林诉讼——以成化年间《祁门县告争东山刷过文卷抄白》为中心"，178～185页，上海，上海古籍出版社，2016；童光正：《明代民事判牍研究》，42～54页，桂林，广西师范大学出版社，1999。

㉟ 《直隶徽州府为祁门县县民谢玉澄状告谢道本等人强占山土印阻木植等事帖文》，见中国第一历史档案馆、辽宁省档案馆编：《中国明朝档案总汇（一）》，43页，桂林，广西师范大学出版社，2001。

㊱ 同上书，45页。

㊲ 同上书，49页。

㊳ 《隆庆六年祁门方佐等立阄书》之二一，见王钰欣、周绍泉主编：

《徽州千年契约文书(宋、元、明编)》第五卷，471 页，石家庄，花山文艺出版社，1991。

⑧ 王钰欣、周绍泉主编：《徽州千年契约文书(宋、元、明编)》第一卷，41 页，石家庄，花山文艺出版社，1991。

⑨ 同上书，122 页。

⑨ 同上书，240 页。

⑨ 王钰欣、周绍泉主编：《徽州千年契约文书(宋、元、明编)》第三卷，190 页，石家庄，花山文艺出版社，1991。

⑨ 同上书，297 页。

⑨ 王钰欣、周绍泉主编：《徽州千年契约文书(宋、元、明编)》第二卷，227 页，石家庄，花山文艺出版社，1991。

⑨ 王钰欣、周绍泉主编：《徽州千年契约文书(宋、元、明编)》第四卷，377 页，石家庄，花山文艺出版社，1991。

⑨ (明)祁彪佳：《莆阳谳牍》卷一《察院一件杀命事》，见杨一凡、徐立志主编：《历代判例判牍》第 5 册，34 页，北京，中国社会科学出版社，2005。

⑨ (清)沈衍庆：《槐卿政绩》卷五《欺写飘占事》，见杨一凡、徐立志主编：《历代判例判牍》第 10 册，241～242 页，北京，中国社会科学出版社，2005。

⑨ 民国《永泰县志》卷四《赋税志》，5 页下。

⑨ 两份契约均见于今福建永泰县盖洋乡碓头村，感谢郑振满老师、刘永华老师提示并提供此份文献。

⑩ (清)段光清：《镜湖自撰年谱》，27 页，北京，中华书局，1960。

⑩ 同上书，27 页。

⑩ 同上书，49～50 页。

⑩ 杜家骥主编：《清嘉庆朝刑科题本社会史料辑刊》第 1 册，67 页，天津，天津古籍出版社，2008。

⑩ 《宣宗成皇帝实录》卷二百九十九，2 页上～下。

⑩ 该案档案存于《龙泉民国法院民刑档案卷(1912—1949)》，浙江省

龙泉市档案馆藏，卷宗号 M003-01-09762。

⑩ 《龙泉民国法院民刑档案卷(1912—1949)》，3 页，浙江省龙泉市档案馆藏，卷宗号 M003-01-09762。

⑩ 《龙泉民国法院民刑档案卷(1912—1949)》，24 页，浙江省龙泉市档案馆藏，卷宗号 M003-01-09762。

⑩ 《龙泉民国法院民刑档案卷(1912—1949)》，10～11 页，浙江省龙泉市档案馆藏，卷宗号 M003-01-09762。

⑩ 该案档案存于《龙泉民国法院民刑档案卷(1912—1949)》，浙江省龙泉市档案馆藏，卷宗号 M003-01-10898、M003-01-02800、M003-01-03627、M003-01-02561、M003-01-13785、M003-01-09653、M003-01-14035、M003-01-02536、M003-01-15375、M003-01-05739、M003-01-01900、M003-01-10026。

⑩ 冯筱才、周肖晓主编：《文成畲族文书集萃》，14 页，杭州，浙江大学出版社，2017。

⑪ 《龙泉民国法院民刑档案卷(1912—1949)》，3 页，浙江省龙泉市档案馆藏，卷宗号 M003-01-10026。

⑪ 《龙泉民国法院民刑档案卷(1912—1949)》，19～20 页，浙江省龙泉市档案馆藏，卷宗号 M003-01-05739。

⑪ (清)倪望重：《诸暨谕民纪要》，见杨一凡、徐立志主编：《历代判例判牍》第 10 册，330 页，北京，中国社会科学出版社，2005。

⑪ 吴志华、吴志彪：《处州金石(上)》，271 页，杭州，浙江古籍出版社，2017。

⑪ 《书短史长——永泰县盖洋乡民间历史文献展》，厦门大学历史系网站，2019 年 5 月 24 日发布。

⑪ (清)沈衍庆：《槐卿政绩》卷六，见杨一凡、徐立志主编：《历代判例判牍》第 10 册，281 页，北京，中国社会科学出版社，2005。

⑪ (清)倪望重：《诸暨谕民纪要》卷六，见杨一凡、徐立志主编：《历代判例判牍》第 10 册，406 页，北京，中国社会科学出版社，2005。

⑪ (清)沈衍庆：《槐卿政绩》卷五，见杨一凡、徐立志主编：《历代判

例判牍》第 10 册，250～251 页，北京，中国社会科学出版社，2005。

⑪⑨　《嘉庆二十年十一月十五日徐登清卖山契》，契藏松阳石仓。

⑫⓪　(清)孙鼎烈：《四西斋决事》卷一《陶峻棠等批》，见杨一凡、徐立志主编：《历代判例判牍》第 10 册，525～526 页，北京，中国社会科学出版社，2005。

⑫①　(清)沈衍庆：《槐卿政绩》卷二《恃势冒占事》，见杨一凡、徐立志主编：《历代判例判牍》第 10 册，185 页，北京，中国社会科学出版社，2005。

⑫②　(清)沈衍庆：《槐卿政绩》卷五《欺写飘占事》，见杨一凡、徐立志主编：《历代判例判牍》第 10 册，241 页，北京，中国社会科学出版社，2005。

⑫③　参见杜正贞：《近代山区社会的习惯、契约和权利——龙泉司法档案的社会史研究》下编第三章"晚清民国诉讼中的山林产权与山界"，349～402 页，北京，中华书局，2018。

⑫④　(清)倪望重：《诸暨谕民纪要》卷二《冯秀潮等控李贡来等盗砍图占由》，见杨一凡、徐立志主编：《历代判例判牍》第 10 册，397 页，北京，中国社会科学出版社，2005。

⑫⑤　(清)沈衍庆：《槐卿政绩》卷二，见杨一凡、徐立志主编：《历代判例判牍》第 10 册，187 页，北京，中国社会科学出版社，2005。

⑫⑥　(清)沈衍庆：《槐卿政绩》卷五，见杨一凡、徐立志主编：《历代判例判牍》第 10 册，252 页，北京，中国社会科学出版社，2005。

⑫⑦　(清)沈衍庆：《槐卿政绩》卷六，见杨一凡、徐立志主编：《历代判例判牍》第 10 册，269 页，北京，中国社会科学出版社，2005。

⑫⑧　(清)沈衍庆：《槐卿政绩》卷三《悖谕迭砍事》，见杨一凡、徐立志主编：《历代判例判牍》第 10 册，206～207 页，北京，中国社会科学出版社，2005。

民国时期的地籍调查
与山界争讼

中国土地向未经科学测量制图，土地管理征税，皆混乱不清，贫家之乡人及农夫皆受其害，故无论如何，农地测量为政府应尽之第一义务，……测量工作既毕，各省荒废未耕之地，或宜种植，或宜放牧，或宜造林，或宜开矿，由是可估得其价值，以备使用者租佃。

——《建国方略：事业计划》①

从理念层面上的山泽国有，到寺观、豪强、民众的私占、开发，用刻石、契约等方式确立对山场的各种排他性权利，再到宋代以后国家将部分山场作为赋税对象，在理讼过程中对山场业主提供某种权利保护；除此之外，在整个漫长的传统时期，国家对东南各地的山场基本上采取一种"不与民争利"的放任态度。即便存在着一些官山、学山，或者因为矿、盗而封禁山的情况，官府也大都并不积极主动地寻求对山场的经营权和收益权。这种情况在晚清开始发生改变。②

当山场被视为一种重要的资源，近代化过程中的国家并不满足于被动地等待民众的申报、收取微薄的山税，而是希望直接规模化经营或推动民间大力开发，这在多山地区开始成为一种趋势。

　　山本真研究了民国时期福建的林业政策及其影响，他认为政府对无主地国有化立法，并致力于荒山调查和荒山造林，但广大的旧官山（无主地）并没有实施调查和所有权登记，民国政府森林立法和政策在地方上的影响表现为"他们在面临有关山林的纠纷时，尝试着援引政府提出的口号，将自己的主张正当化"③。这与我在民国浙江山场争讼研究中的发现一致。一方面，国家确认国有林，提倡开荒造林、鼓励承领荒山的法律和政策，激发了山区民众新的"占山"行为，从而对旧的山场产权和经营秩序形成挑战。另一方面，国家加强对契税和山场确权的管理，也开启了山场产权凭证从私契到官方登记、官颁证书的转变过程。这两方面的变化，不仅是传统"管业"概念向近代产权概念演变过程中的一个例证，同时也反映了近代国家林政在不同的林区产权传统中的初步实践。④我们在本书最开始看到的建德县方琦承买官产案，就是在这样的大背景下展开的。

一、民国地籍调查中的山场信息

山场国有化的前提是国家对山场资源信息的掌握，尽管晚清以来历任政府都希望能掌握山场资源，一方面将无主荒山归入国有，另一方面对私有山场进行全面登记，但是它们并没有能力完成这项工作。浙南丽水县（今属丽水市）在清初登记的原额山是 6918.769 亩，同治十三年（1874）登记为 7118.020 亩。这个数字一直保存到 1934 年都没有变化。⑤可见整个清代至民国中期，丽水的山都没有得到过普遍的清丈和登记。

中华民国建立之初，即以田赋清理为目的设立经界局，但除了个别县份自行开展土地调查之外，并没有全国性地举办。浙南地区之前没有山场的完整档案，即便有部分山场因为业主的报税升科而获得登记，其面积和位置也绝少经过实地的勘丈。因此，山的管业以及诉讼纠纷中的确权在民国时期仍然几乎全凭契约，山产交易中匿契不税的情况也很普遍。在北洋时期，这种状况没有改变。据 20 世纪 20 年代浙江民商事习惯调查报告称：

> 遂昌县民间买卖山场先由卖主检出源流旧契，照其所载经界四至，订立卖契，连同源流旧契付与买主管业。买主并不问其山地之字号、亩数及粮额。契上亦不载明前项字样，惟记载某某山场一处，以及东西南北界至，出卖于某某永远照契管业而已。倘遇山地毗连经界之讼争，如一造提出源流旧契及买契，所载界至与系争山场界至相符，彼造则俯首无词，并不主张以字号亩数及粮额为凭而加以攻击也。按前项习惯系遂昌县公署程、温会员所报告。据称遂昌山粮究系何年截止，年湮代远，无

卷可稽详考。前清光绪年间，实征堂簿内则载有山额永不加赋之语，核诸全县民间户册仅有田地塘之粮额，亦无山粮之记载，故民间买卖山场向不以推收粮额及山地字号为凭也。又是项习惯不独遂昌一县为然，即旧处属十县亦一律相同云。⑥

图 7　浙西南山村地貌(浙江省松阳、云和县界附近村庄，摄于 2022 年夏)

1928 年，南京国民政府再次提出整理全国土地，浙江省随后公布《浙江省土地整理条例》，并以土地测量经费、仪器、人才均感困难，而先行开展土地陈报。土地陈报以人民自行陈报、政府派人调查核实为工作方法，在 1929—1930 年举行。浙江省的土地陈报工作在当时受到大量批评，因为不仅查核不力、错误百出，而且引发了大量地方官民纠纷。此后浙江省政府虽然再开展土地查丈，但受条件限制，也未完成。⑦福建省的情况更不理想，1935—1936 年开展土地陈报的九个县份中，有六个县所报面积比原有面积还少，而且平均每县减少43％。⑧据统计，至 1935 年，浙江省的户地测量仅杭州等四市县的全部和海宁等十三县的部分得以完成，福建则仅在福州、厦门有部分举行。抗日战争胜利后，直至1948 年，浙江省完成地籍测量的面积也仅占全省土地面积的 17.18％，福建省的这个比例则仅有 1.6％。⑨

　　在这些地籍调查的工作中，山场的调查和测量更是极端薄弱的。1930年浙江省土地陈报时，丽水县的山额有巨大的增长，公有山额达到了124656.300亩，私有山额为9601.551亩。但是，因为土地陈报运动主要依靠业主的自报，并没有进行丈量，所以这些山亩数字的准确性是一个疑问。20世纪30年代地政调查员李盛唐就直接质疑数据。⑩他从平均赋税负担的角度，建议对山征以赋税：

> 丽邑田赋之标的物，本为田、地、山、塘四种，后以山塘之税率与田地相同，乃并入田地内，山、塘此后即不科征。因之，山塘之所有权人不负纳税义务，然其纳税能力，并不亚于田地之所有权人，甚且过之，若不一律科征，殊乖租税负担普遍之原则；况丽邑山多田少，苟能使山、塘均分级科税，则财政上之收入，当可增加不少也。⑪

但是李盛唐并没有进一步说明，如果对山科征，山场的丈量和登记要如何进行。黎定难在作《永嘉田赋之研究》的时候，倒是记录了永嘉山地的测亩法：

永嘉亩法，沿用旧工部尺，每弓五尺，积二百四十弓为一亩，原与定章相符。然此仅就田亩言之，至山亩则参差殊甚。据此次调查所得，旧习山地计粮，以一人登山鸣锣，其声浪所及之地，为承粮一亩标准，其面积约合田亩五十有余。盖永邑多山，昔时丈法幼稚，山地冈峦起伏，辄无法丈量，不得不采此简易推算之方，且山地利薄，亩法虽不划一，仍无损也。[12]

换言之，即便到了民国时期，永嘉也并没用弓步尺对山地进行测量，"喊山为亩"或"鸣锣为亩"的所谓"简易推算"办法，是这些山场所谓"亩数"的来源。

在南宋以来山场已经有过地籍登记的地区，晚清民国以后的情况又如何呢？汪柏树分析过土地陈报对于徽州土地契约编号的改变。民国的地籍整理政策对徽州地区契约档案中山产的表述产生了一些影响。如前所述，徽州契约对田、山的表述，是与鱼鳞图册系统相匹配的，明代以后有些契约甚至不写四至，而是注明四至依照经理或"四至悉照鳞册为凭"。1943年土地陈报工作结束后，一些契约放弃了原来鱼鳞册号，而改用"第……段第……号"的新编号，有的则同时开列两套编号系统，并写明"倘有字号、税数讹错，照依陈报册改正"[13]。如果仔细考察这些土地陈报后表述改变的契约，我们就会发现，其中田土的土名、四至、税粮都没有变化，仅仅是新编了段号而已。换言之，徽州的土地陈报并没有重新调查丈量，而只是将老鱼鳞册簿上的信息重新抄报、编号。

在南宋经界中表现抢眼的浙江台州，明代和清代雍正六年(1728)也都进行过清丈，但到了清代中后期，官府的地籍档案失考。特别是太平天国运动之后，"丘领户册散失甚多，鱼鳞图册所遗，更属无几。由是政府无典可稽，征户纳粮与推收之事，只得假手于庄书与催征粮役之流"，"讼累迭起，其害不可胜言"[14]。同治六年(1867)，当时的黄岩知县曾发起清丈，没有成功。与浙南山区不同的是，民国年间黄岩地方士人有着强烈的清丈愿望。县民朱文劭、汤宗澄等设立讲习所，培养丈量员、稽查员等专业人士；制定各种详细的规章制度，而且在清丈中能及时调整措施。黄岩地方官民期待清丈以确定经界、明晰产权，"黄岩自开办清丈后，为解决田地上发生纠纷起见，于清丈分区组织评议会"[15]。因此，相比于其他专为征赋而草草举行的地籍整理，黄岩的清丈不可谓不认真。但即便如此，历时十余年的清丈，仍然没有把黄岩的山包括在内。

陆开瑞的黄岩调查报告中特别开列了一节讨论"丈

山问题"，分析在黄岩这个山乡，为什么清丈不及山场。大体原因有三：一是清丈的时间拖得太长，经费不敷支出；二是黄岩山场大都是石质荒山，不能开垦，"山粮甚微，有银无米，全县偌大山场，仅征银一百六十余两，而山之丈量，实施困难，既须精密之仪器，又须高深之人才，所得结果，实不足偿失"。他特别说明：

> 山田山地已丈。黄岩各处，山中之平野，已开垦者，曰山田。为人建筑房屋或其他使用者，曰山地。此次清丈，凡山中一切田地，及山民屋基，逐一丈绘入册，为数甚夥。山虽未丈，而山田山地之粮赋，增加已多。故山之精华已取，所余者，仅躯壳尔。⑯

换言之，除了已开垦或建筑民居的山田、山地之外，其他山林、山场被认为对粮赋贡献太少，而不具有清丈的价值。

而且，有些人对山场的清丈还有更多的忧虑：

查黄岩于雍正年间大丈时，山税亩积，多未丈量确实。人民照界历管，相安至今。若一旦清丈，而无算确之亩分，划分山界，势必惹起人民争执，似不如他日收回旧册，按户清理，加绘区图，册列四至。所为查报之法，较为适宜于事实也。⑰

这段调查记录透露了黄岩山林历来的所谓山税亩积，其实是未经丈量的数字，这些"亩积"信息在实际的管业中并不起作用，民间的管业、交易仍然是以"山界""四至"为准的。

陆开瑞估计，如果按照田亩清丈的办法，对黄岩所有山场进行清丈的话，需要的费用在 30 万元以上，仅仅依靠县里额外起征的每年 4500 元的县税，需要六七十年的积累。如果退而求其次，"依照清初丈山办法，按区图编号，每号各绘立面山图，注明四界，其亩积以旧庄册为根据，务使与区图平面亩积不相上下为准。照此清户造册，编粮完纳，以黄岩山场亩号，预经费，亦需八万五千元"。清初的所谓丈山并没有实测，而那些数字是按照更早的旧年档案用估算的办法"制造"出来的。正像陆开瑞所说，"吾国丈山，从未举办"。⑱

如前述1928年建德县府办理方琦承买官产纠葛案所示，民国时期民众承买官山被要求绘制山图、标注亩分，但是这些山图和亩分同样缺乏准确性。方琦申请承买官产时所绘山图中详细标明了每一块山的亩分，并且用文字说明"此山坐落建德县东乡四保东至徐家塘南至眠羊里西至新塘边，北与黄山为界，计税三十四亩"。他在给田赋征收主任的申请书中却说："建邑山亩向无确定弓丈，兹图亩分系按鱼鳞登载，至其丈积则依普通田地二百四十弓加倍计算。"所以，方琦并没有对承买之山进行丈量，所谓"积步"是从税亩反推得到的。

此后，县田赋征收处和省政府财政厅也都对山图和其中标注的亩分提出了怀疑，要求重绘重丈。省财政厅数次批驳绘图草率，欠标准："详核地图，所有剔除行路水坑既未标明而测线弓度亦未注及，殊嫌草率，应行发还，仰再重行绘具详图送核。"在财政厅的要求下，山图中的标注越来越细致，从最初仅标注每一块山的亩分，到最后标注每一边的弓步，并由此计算每一块山的积步和税亩。然而，数次调整，亩数并没有大的变化。在后来的纠纷中，册书朱逊德就揭露说，按四至确定的山林面积实际远超出这个数字数倍。[19]换言之，这些后续的报告也不是经过实地丈量的结果，而只是为了应付省财政厅的要求做了些纸上文章。当然，这套纸面上的操作，也说明在山场信息登记中，民国政府对于界至标识精确性的要求在提高，其背后既是现代国家加强山场资源控制的努力，也是现代科学对于国家治理的理念、方式和技术的改造，只是地方上的实际操作与此要求显然相去甚远。

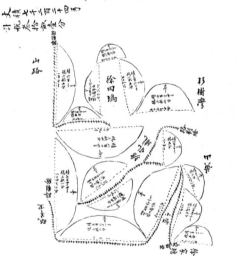

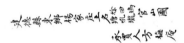

图8 方琦承买官产山场绘图

二、土地陈报与山场争讼

1930 年 5 月 12 日,浙西南龙泉西乡住溪村 69 岁的老人张雨亭向龙泉县法院起诉,状告当时的知县林桓。[20]

张雨亭兄弟六人,他是老大,其先人以农林起家,他们是龙泉西乡最大的山主之一。1927 年,六兄弟分为萱、荣、桂、馥、兰、芳六房,山产名义上分到了六房,但实际仍是合管,而且其中还有相当数量共同的祭产和学产。1930 年,浙江省土地陈报运动如火如荼地推进,各级地方都承受了巨大的压力。张雨亭的长子张省三时任本村村长,负责办理土地陈报,不想这正导致大祸临头。张雨亭的诉状这样描述事情的经过:

> 长子省三被村民举为村长,奉令办理土地陈报事,宜努力从事,并先将自己土地填报,自问可告

无罪。至本年三月廿一日，龙泉县长林桓偕督促专员王承志，率带武装卫队及随从三十余人莅乡督促。民子省三先后接函报，预备招待，鸡黍延宾，款接维谨。在民舍停留二宿，至廿三早餐后，民父子均陪侍在侧，县长突出白郎林手枪，并令卫队持枪实弹迫令民之父子随之而行。情势严重，民父子尚不知就里，村人亦均莫名其妙，竟被胁迫至西远乡长安里，将民父子禁于旅馆中，越二宿，带至县政府软禁于密室，绝对不许人探问。始由县长表示，谓民陈报不实，命民加报山地二万亩，预交陈报费二千四百元，并须供献钜万之罚款，始准释放等语。一场冤狱至是始知，类似官员式绑票案发生。

伏查龙邑志书内载山亩，实该山一百三十三顷八十八亩三尺四毛九分，而民家所有山地对全县犹如太（泰）山一粟，命报二万亩究从何来？民愿禁而不敢遵。民父子在禁二十四日，时而县长将民唤至卧室大肆其威逼手段，时而亲至禁民房内迫问有无了局，日夜痛加恫吓。日则减民父子饮食，夜则令门岗更番开衾监视，复将房后门加钉。又言匪来使无逃生之路。种种威逼，惨无人道。噫，民系暮年老朽，民子省三亦文弱书生，何以堪命。言之，泪随声下。

迫至四月十五日，民父子在禁自向厨房自开伙食。讵县长及王专员令厨房不准开饭，至夜复将灯泡摘去，民父子至此昼绝饭食，夜坐黑暗地狱，又复横加胁迫，痛不欲生。十六日县长暨王专员声称奉省电，尔父子令从严究办。县长随将省电匆促一展，民子省三于惊骇惶恐之中仅睹及暂宽觅保数字，随请求遵电保释。不谓反大触其怒，勒令于数小时内必须缴纳洋一万八千元，如不遵限缴纳，即不利于父子性命，喝令带监执行，排列佩枪警察六名恐吓，令民父子魂魄俱裂。咦，民之对于二千四百元无力措缴，安能遽集此钜数？只有坐以待毙，其时亲属闻耗骇汗震惊，乃代为奔走四方告贷，于四月十七日下午，由吴一谔等措缴。收到后，又复缮就甘结，勒令民父子一仝画押，始准释放，处此强权之下，生死关头，不得不暂时饮泣屈从，以全生命，此为诉之事实。

张雨亭将县长和专员借土地陈报之名横加勒索的恶行叙述得惊心动魄。县长对其父子陈报山场不实的指控，是整个事件的起因，张雨亭必须在这个起点上为自己辩护，所以他接着为自己所受的不白之冤一一陈述理由：

理由 据王专员与林县长勒款标题，一则谓因大地主之观望，不得不照罚则办理，一则谓民有锦源山亩陈报不实，全为罗致人罪之证据，又为吞没一万八千元之凭藉。殊不思民父手虽置有薄产，已经六兄弟分析另居。民合得财产又分析二子，即遍勒之甘结及收条，民有六房名义，每房名下仅有土地数十亩，已无所谓大地主。况穷乡僻壤，瘠贫之区，又安有大地主之称。谓为观望，必指未经开办而言。民子省三，谬任村长，首先填报自己土地以为之倡，又安有观望之足言。若谓锦源山亩陈报不实。现在龙泉土地均未丈量，究不知何者为实，何者为不实。民遵厅令，暂凭习惯自知亩分填报，则有更正补报之可能，亦无犯法之可言。林县长暨王专员缮勒民父子画押之甘结内载，一则曰煽动违抗，再则曰煽乱阻挠。民子省三于办理土地陈报事宜于本年二月十日以前编号绘图，编造总计表册送呈县政府，自问对于办理土地陈报一切手续及责任均已完备，何者为煽动违抗，何者为煽动阻扰？民人无罪而故入人罪，小民纵可易虐，如政体何？无科罚之罪，而恣意滥罚，勒出一万八千元之金钱，如法治何？

张家之所以受到最严厉的处分并被科以巨额罚款，是由于所谓"陈报不实"，特别是对山场的陈报不实。林县长要求张家陈报二万亩的山，那么张家主动陈报的数字是多少呢？据后来浙江省民政厅的调查报告，张家六房一开始自己主动所报八处山场，"仅温掉火烧石祭外垟（八亩）、三坑石富源新岱（十六亩）、牛厂（四分）、西溪垄（四亩）中心坑（二亩九分）桐板坑（即尹长坑二亩）、洪章（一亩五分）、野猪湖（三亩五分）等八处，所报面积共仅三十八亩三分"！

三十八亩三分与二万亩的差距不啻天壤。张雨亭的辩解理由，一是龙泉县志内载全县的山亩数字不过一百三十三顷八十八亩三尺四毛九分，"民家所有山地对全县犹如太山一粟，命报二万亩究从何来?"二是，"现在龙泉土地均未丈量，究不知何者为实，何者为不实。民遵厅令，暂凭习惯自知亩分填报，则有更正补报之可能，亦无犯法之可言"。换言之，他也承认原来所报的山亩数字并不是确切的真实数字，但是究竟真实的数字是多少，不仅张雨亭自己不知道，县政府也不知道。因为从未有过测丈，所谓"二万亩"也只是县长专员的随口一说而已。

张雨亭不仅向法院提起诉讼，同时也以"违法逮捕"的罪名，向浙江省民政厅函请查办林桓。㉑此案引起极大反响，浙江省民政厅即委派专员前往龙泉，对张家的山场进行测丈。这应该是当地的山场第一次得到现代的丈量。测丈的结果，张姓六房"计共山场五十六处，土名九十三个，总面积为五万七千二百一十二亩八分九厘八毫"。这当然与张姓自己所报多寡悬殊，其中有些山场根本未报，而所报八处的面积与实丈面积相较亦少报了一万九千二百余亩。

但是，测丈队的报告又说："如前项山场确系完全为张姓六房所有，其为故意以多报少当无疑义。自应照章处罚。惟该县山场原系无粮官荒居多，现在张姓六房所陈报之山场既有如此广大，其取得权源为何？有无侵占官产在内，尚不能不加以审究。"换言之，这些所谓张姓的山场全凭张姓指认，是否真的全为张姓所有，并没有证据。浙江省财政厅将检查这些山场权源的工作交由法院进行。浙江高等法院即转令龙泉县法院，请就近调取管业凭证依法认定，并命令各区区长召集村里长估计山价。

山场的具体数目，得自真正的实测，张雨亭也许可以接受，但因此而被指责为"故意以多报少"，他是不能接受的。在催请民政厅重新调查测丈的呈状中，他说：

其时土地陈报事属创举，民间茫无适从。民等查阅《民政特刊》《问答》载:"处州之山多属岩山,名之曰石田,必经四五十年始有微量之收益,照习惯以上喝下应为亩,是否照准?"(答):"如丈量不易者,准照习惯丈算。"民等因暂照习惯亩分,先将此八处山场填报,藉资提倡。讵知该八处山场才是报出,不日而林县长与王督促专员,违法逮捕,酷勒诬指突然而来。则民等其余山场因此停顿,不敢妄事填报,再投落网。

这个辩诉可谓合情合理,一语点破了两个数字悬殊的关键,即民间在山场管业中重四至而轻亩分,因为难以丈量,所谓亩分只是一个虚数。国家为税收财政的目的,其地籍登记要求有面积数据,而用较为仔细的实丈方法获得的面积数字,自然与之前民间估算的数字产生差距。

在张家的再三要求下,民政厅重新组织人力对张姓山场查勘补测。这份补测报告说明了他们测丈的办法："吊验该六房之分关与契载山名核对，嗣以契载四至，并省颁山图，向各山场所在邻右逐细查询，以二方面之事实状况，互相勘对，又查验各该山场上手老契，多方印证审查。"查勘队首先确认了所有 58 处山场、93 个土名之取得权源，均属清楚，其中没有所谓官产。

其次，补查报告还说明了因为契约不记载面积，而只有四至，以此为依据进行测丈，得到的数字是没有其他数据可以进行对照的：

> 又本县山场，向以土名片段四至为重，绝不记载亩分，全县同此习惯，不仅一地一姓为然，故张姓六房缴案之各山场契据，其卖主、中证代笔暨立契税验各年月，具各历历可考，独于亩分，则各契约均无登载。前次省测丈队到山丈量，系由张姓照契摘录山名四至，即行依其四至，插标施丈，其面

积图、成果表所填亩分，实照四至范围内测丈所得者也。此次主任等到山施行补测者五处，一高潦坑以及茶坪(土名十四个)，又三坑以及金鸡龙(土名八个)，又乌律道堂前(土名四个)，又石壁源(土名二个)，又六车坑(土名二个)，分测各房亩分界址，并补绘界线(各房亩分详载一览表)，此外各山场经审查权源四至相符，未再加以补测，此本案办理之情形二也。

尽管这些山场已经被人们私占、开发、买卖了几百年，但直到此时，这些山场才第一次被认真地测量。然而，省测丈队辛苦测量形成的报告，所采用的表述规范和格式，与契约对山场的表述属于不同的系统，因此两者无法完全互证，这也是需要进行第二次复测的原因：

又张姓受买各该山场，其卖契所载之四至，均系依据界址形势俗称，详载于契，其字句冗长衍蔓，非目睹该山形状者，几不解所载是何意，且所载者，为本界内之地形俗名，至于界外为何姓所有，转在所轻，而省测丈队所绘之略图，则仅载与某姓为界，契载之衍蔓字句，悉被删节。上年龙泉县法院以契核图，所以发生困难者，职此故也。此次主任等到山查勘，先于各山场分界之处，插立标木，记明四至，并向所在住户山佃详细查询，对于产权界址，均无异议，可见权源清楚，并无疑义，此办理本案情形三也。

省测丈队对山场的表述由实际测丈数据和相邻业主信息构成，而地方原有的契约则由土名四至确认山场，所以在复丈时仍然需要依靠"住户山佃"的指认。

除了面积的差异外，对于山价的估算也需要确认：

又各该山之净值地价，亦经主任等随地调查，据各住民称，该处买卖山场，以开垦之工作状况或竹木分成数量，定其价值之多寡。若未施工之荒山，绝鲜价值可言，约略估计，每亩价洋在一角至五角之间，广为咨询，众论佥同。合与张姓缴案各契，其契价多寡悬殊者，亦因竹木成分不一故也。彼此引证，情事大略相符，此办理本案附带声明者四也。

根据《出差旅费日记表》，第二次查勘补测共耗时23天，工作人员包括测勘主任一员、助理四员、测夫二名。共耗费轿费、膳费、宿费等共328元9角。因为参与补测的人员更加熟悉当地的契约和实际情形，不像之前省测丈队那样简单地比对数字，而是细究了这些数字差异产生的机制。所以，第二次调查的结果，否定了对张家故意以多报少的指控，并且确认"张姓六房所有山场，其取得权源，均尚正当，似无侵占官产情事"。

1934年1月张姓六房领回契约，这场直接由土地陈报引发，并造成龙泉县知县被罢免的山场官司才告结束。

这场官司是在土地陈报的大背景下发生的，它记录了地方的山主与省、县政府之间围绕山场所展开的交锋，让我们看到对山场两种不同的认知和确权方式。如前所述，一种是在山场开发利用的长期历史中生长出来的契约秩序。以契约为基础的确权，建立在当地人世世代代熟悉山场及其相关的人群（如山主、山佃）的基础上，且具有一定程度的共识。它们在技术上看起来不那么精确，但是以一种当地人可以接受的、低成本的乡土规则，维持了基本的产权秩序。另一种是民国政府从现代国家财政需求出发，要求精确的山场面积、标准化的估价和基于国家地籍登记的产权凭证。这两套制度的竞争和对接，是一个长期的过程，可能直到今天都还未完成。

三、政区之界与山产之界

政区之界划本是国家因行政管辖的需要而设置的，谭其骧从浙江各地设县和政区的变化讨论地区开发过程，并涉及省界、地区界的形成，这奠定了历史地理学关于政区之界研究的基本方向。[22]周振鹤以"山川形便，犬牙交错"总结中国传统时期政区划界的原则，强调统治的便利性和自然地理条件对政区划界的影响。[23]历史地理学对于政区边界的讨论，主要的关注点在确定政区范围及其变化过程，其背后主要的问题是地方政府的管辖权，所以对插花地、飞地等所谓"错壤"所引起的纠纷及相应的调整，研究较多。[24]近几年来，学者们开始注意到政区划界纠纷中自然区、文化区、行政区、经济区之间复杂的关系，以及地方民众的能动性。[25]但是，其中真正涉及明确"界线"之争的问题，仍然较少。这是因为在传统时期，政区之间的界线很多是示意性的，正如满志敏所言，"中国历史上境内的行政区域法定界线从来没有从法律意义上明确划分过"[26]。这也使得在历史地理信息系统中复原历史时期县界变迁，成为今天学者面对的重大挑战。[27]

政区之界与本书探讨的田土产权之界，一属公一属私，似乎没有关系，但其实不然。一方面，"对政区界线详细确定的需求往往是随着对土地或其他资源占有的需要而产生"[28]；另一方面，如前所述，最晚自宋代以来田土的确权往往以地籍登记、赋税档案为凭证，清人已经对州县疆界和赋税之间的关系有明确的认识："疆域之宜分也，以经界之宜正也；经界之宜正，以地亩宜清而赋税宜均也。分疆域、正经界而民之不田而粮、不粮而田者少矣。养民之务，孰急于此。……沾沾于四至八到亦末矣。"[29]而且，产权诉讼也常常涉及地方政府的司法管辖权问题，所以政区之界与产权之界会发生密切的联系。

政区划界因为遵循"山川形便"的原则，所以东南山区相当多的州县都以山岭作为疆域之界。这些山岭本来因为人迹罕至，很多属于无主之山，划界本不严密，也极少发生产权上的纠纷。但是，随着山区人口增多和山场开发，明清以后开始出现了对这些界山的争夺，政区之界和山产之界因此发生了交集。嘉靖年间，浙江淳安、昌化两县民互争山界的例子就是一个典型的案例。

淳安、昌化两县在明代分属严州府和杭州府，均是山区县份。据嘉靖《淳安县志》记载，该县四至都以山岭与邻县划界，其"北至杭州府昌化县界，去昌化界一百五十九里，以审岭为界，自界至昌化七十五里"㉚。嘉靖元年(1522)，先是昌化县的朱淳与章延寿谋争山利，争讼未决，继而淳安县民以诉讼侵越淳界加入诉讼。据事后所立《淳昌二县界石记》：

我国初兵乱之后，人物鲜少，林木繁茂，峻峰崇岭，险阻难夷，率皆抛荒蓁芜，未有人以经理之者。既而披舆图载版籍，淳邑则有田税，昌邑则有山税，是后居民日众，生齿渐繁，芟夷开辟之者，淳之功居多焉。桐坑源头有田数百亩，山数千亩。淳昌之民兼理之，以山陇独石为界，各有分土定业，而无争讼之衅。[31]

两县所争之山及山中开垦的田土，位于两县交界处，最晚在明代中期已经升科纳税。山界纠纷的爆发很可能与徽商在此地的木材经营有关：“又桐之源乔木参天，茂林蔽日，歙商利其利，岁经营于其间，践踏田畴竭堰，民以为病。侯目击其事，命民偿其木值，悉遣去之。”对山田和山场木材之利的争夺，是两县民人争讼的根源。该案最后由两县知县亲自踏勘而定，两县定界的依据是："视山川之源委，按图籍之经界，自桐源山陇而下至独石为界，左则昌民经理之，右则淳民经理之。"㉜两邑长官所依据的"版籍""图籍之经界"，应该就包括了鱼鳞图册。如前所述，严州府在南宋以来的经界中对部分山场就有登录，两邑县令即以此为基础进行会勘，订定仍以山陇独石为界，以平息纷争。这条界线既是两县的政区之界，也是争讼双方山场产权之界。

　　产界争讼发生在政区交界地带，常因地方官府相互推诿而久拖不决。清代皇帝曾经数次为此下令。如乾隆二十九年(1764)，贵州按察使熊绎祖奏称："隔省交界民人互控田山界址等案，必须会审者，各该州县往往以讼属自理，推延捏饰，致生事端。"吏部议覆："倘有田土宽广，山场绵亘，界址不明，州县难于定案者，该督抚就近专委道府，带同覆勘完结，违者照例议处。"皇帝从之。㉝这说明此类政区交界地带的产界之争和产界确认，与"讼属自理"的管辖权问题关系密切，在处理民业产界争讼的过程中，政区之界也得到明确或被重新划分出来。

在某些存在州县界石标志的山岭，当地人也会以这些行政区划之界作为山产之界来使用。1946年，浙江遂昌县民与相邻汤溪县天宁寺因将军坑山场界址发生纠纷。汤溪天宁寺一方所出具的证据是"完山粮户册一本，内载有土名将军坑阴测（原文如此，疑"测"为"侧"）一项，有粮额六亩正，并无四至所载，亦无其他管业字样"；而遂昌一方的证据是"张砬金承管山约一纸，又宣平人陈品棠承拚该山柴薪约一纸，其四至内载有东至小将军坑，汤溪县界牌石为界"。

据查勘所绘《将军坑略形图》，"小将军坑"是从山顶直流而下的一道山涧，山涧水汇入山脚的溪流，溪中有一巨岩，上刻有"金华府汤溪县处州府遂昌县山田界"字样，不知何年所立。㉞值得注意的是，该案显示民人之间订立的山契，除了以山坑这样的自然地形为界之外，也特别利用了两县的界石。后来两县对山场权属的划分也以此界石为准。在政区之界上的产界之争，对于政府来说有重要的意义：如果是民人的私山，主要涉及对山税的征收权利；如果是官荒山，在民国山林国有化的过程中则权利更为巨大。

南京国民政府在 1930 年颁布《省市县勘界条例》，开始推行政区厘正疆界的工作。关于这一过程，学界已有不少研究成果⑤，其中就涉及一些在政区勘界中发生的私人山场产权界址纠纷。如赵茜在论文中涉及的 20 世纪 20—30 年代浙江东阳东湖庄、永康柏岩庄争界案就是这类案件的典型。纠纷首先因两县民人界邻山场权属争执而起，1921 年山场之争以划界订约而暂时平息。这份议约上写明：

> 议定朝北山，自磨石屼起，由右迤逦转至超南山望曲岭为止，所有朝北山一带上至下赵、上卢等

村屋后山峰，下至山脚为界，朝南山一带上至山顶下至山脚为界，以及中间开成熟地，概划归东湖庄胡姓永远管业樵采，由胡姓偿给黄姓洋二百七十元正，即日交付清楚。惟在上开山峡以内田亩仍由柏岩庄黄姓管业种植。旧例向山割青肥田，递年限小满后五日为止，但不得携出该山峡以外，并不得损及老干。所有该山峡以内各田应用灰柴，听黄姓于离田塍二丈以内之山采割，旧有灰炉仍归黄姓照旧使用，不得重新起造。如有田内沙污、石积等事，可由黄姓于田附近山旁堆置。㊱

这份议约不仅是对所争山场界至的划分，而且对山场中的各种资源的使用分配都有细致的条款规定。从中可以看出，虽然划定了边界，也明确了界内山场归东阳东湖庄人所有，但是在其中分布有不少属于永康柏岩庄人开垦、所有的山田，这些山田是属于永康人的，他们也拥有这些山田生产所需要的山内资源的使用权。概言之，这份议约以及所立界石规定的是两庄两姓的山场权属之分，而不是两县界山之分。

然而，1930年办理土地陈报期间，两县勘划县界，纠纷又起。两县政府表面上都认同"产界和县界诚属两事"，但在争讼实践中又坚持以产权归属来划分县界。东阳方面认为1921年所划定的山界就是县界，而永康方面则认为应该以山田产权归属来划定两县的界至。两县都提出鱼鳞图册、粮册作为凭据，争取县界的划分有利于己方，但又都相互攻击对方的籍册虚假不实。浙江省民政厅最后的勘界结果，并没有采用以产权归属划界的做法，而是以地形上的天然形势划分了县界，当然这样的结果就必然造成一些田土所在的空间与它们的地籍、业主的户籍不统一，即所谓"错壤"或"插花地"问题。此类问题在历史上层出不穷。

概言之，政区以"山川形便"为划界原则之一，使得东南山区各县相当数量的州县都以山为界。在传统时期，这些政区之界虽然存在，但大多数是示意性的。政区之界的明确和细化，与山场的开发、确权行为关系密切。而且因为直到民国时期，田土确权在一定程度上都依赖赋役制度和地籍登记，所以政区之界以及与此相关的行政管辖权，就成为划定产权之界及解决产界纠纷的重要因素。

注　释

① 陈嵘：《历代森林史略及民国林政史料》，87 页，金陵大学农学院森林系林业推广部，1934。

② 关于晚清民国山林产权法律的变化及山林国有化，参见杜正贞：《近代山区社会的习惯、契约和权利——龙泉司法档案的社会史研究》，349～356 页，北京，中华书局，2018。

③ 参见[日]山本真：《对山林资源的传统式共同管理以及近代以来国家的控制与开发》，见杜正贞、[日]佐藤仁史主编：《山林、山民与山村：中国东南山区的历史研究》，237 页，杭州，浙江大学出版社，2020。

④ 参见杜正贞：《晚清民国山林所有权的获得与证明——浙江龙泉县与建德县的比较研究》，载《近代史研究》，2017(4)。

⑤ 李盛唐：《丽水田赋之研究》，见萧铮主编：《民国二十年代中国大陆土地问题资料》，2151 页，台北，成文出版社，1977。

⑥　《浙江民商事习惯调查报告会第二期报告》，4页上～下，浙江省图书馆藏。

⑦　梁敬明、赵茜：《近代浙江土地调查述论》，载《浙江大学学报(人文社会科学版)》，2018(5)。

⑧　苏宗文：《福建省办理土地陈报之经过》，见萧铮主编：《民国二十年代中国大陆土地问题资料》，20230页，台北，成文出版社，1977。

⑨　江伟涛：《南京国民政府时期的地籍测量及评估——兼论民国各项调查资料中的"土地数字"》，载《中国历史地理论丛》，2013(2)。

⑩　李盛唐：《丽水田赋之研究》，见萧铮主编：《民国二十年代中国大陆土地问题资料》，2182页，台北，成文出版社，1977。

⑪　同上书，2352页。

⑫　黎定难：《永嘉田赋之研究》，见萧铮主编：《民国二十年代中国大陆土地问题资料》，2409～2410页，台北，成文出版社，1977。

⑬　汪柏树：《徽州土地买卖文契研究：以民国时期为中心》，50～60页，北京，中国社会科学出版社，2014。

⑭　陆开瑞：《黄岩清丈经过及其成绩观测》，见萧铮主编：《民国二十年代中国大陆土地问题资料》，18787～18789页，台北，成文出版社，1977。

⑮　同上书，18885页。

⑯　同上书，19001页。

⑰　同上书，19001～19002页。

⑱　同上书，19004～19005页。

⑲　该案的所有资料均来自《建德县府办理方琦承买官产纠葛文卷(1928—1930)》，浙江省建德市档案馆藏，卷宗号1808/7/14。

⑳　关于该案的所有资料，除另外注释之外，全部来自《浙江省民政厅指令第九六四九号 呈为呈复查明张雨亭阻挠陈报以及以多报少实在情形由(中华民国二十年六月廿六日)》，浙江省龙泉市档案馆藏，卷宗号10-1-170-1。

㉑ 《浙江司法半月刊》，第1卷，第15号附录，28页，1930。

㉒ 谭其骧：《浙江各地区的开发过程与省界、地区界的形成》，见复旦大学中国历史地理研究所编：《历史地理研究(1)》，1～11页，上海，复旦大学出版社，1986。

㉓ 参见周振鹤：《中国历代行政区划的变迁》，北京，商务印书馆，1998。

㉔ 冯贤亮：《明清中国地方政府的疆界管理——以苏南、浙西地域社会的讨论为中心》，见《历史地理(第二十一辑)》，92～108页，上海，上海人民出版社，2006。徐建平：《行政区域整理过程中的边界与插花地——以民国时期潼关划界为例》，见《历史地理(第二十四辑)》，89～110页，上海，上海人民出版社，2010。

㉕ 张伟然：《归属、表达、调整：小尺度区域的政治命运——以"南湾事件"为例》，见《历史地理(第二十一辑)》，172～193页，上海，上海人民出版社，2006。

㉖ 满志敏：《行政区划：范围和界线》，载《江汉论坛》，2006(1)。

㉗ 满志敏：《1542—2001年青浦县界变迁》，见《历史地理(第二十五辑)》，108～123页，上海，上海人民出版社，2011。

㉘ 满志敏：《行政区划：范围和界线》，载《江汉论坛》，2006(1)。

㉙ 康熙《永康县志》卷一《疆域》，3页上，清康熙三十七年重修本。

㉚ 嘉靖《淳安县志》卷一《疆域》，4页上，天一阁藏明嘉靖刻本。

㉛ 嘉靖《淳安县志》卷十五《乡民感德碑记》，38页下～39页上，天一阁藏明嘉靖刻本。

㉜ 同上书，40页下。

㉝ 《高宗纯皇帝实录》卷七百十六"乾隆二十九年八月上"，见《清实录》第17册，988页，北京，中华书局，1986。

㉞ 《为奉令查勘本县螺岩乡第七保将军坑与汤溪界山场界址办理经过报告》，27～28页，浙江省遂昌县档案馆藏，卷宗号M29-531。

㉟ 徐建平：《中国近现代行政区域划界研究》，上海，复旦大学出版

社，2020；赵茜：《民国时期浙江省县际勘界研究(1927—1949)》，博士学位论文，浙江大学，2020。

㊱　徐可标：《呈复查勘永康、东阳两县县界争执一案情形》，浙江省档案馆藏，卷宗号 038-000-0014。录文来自赵茜：《民国时期浙江省县际勘界研究(1927—1949)》，124～125 页，博士学位论文，浙江大学，2020。

结语：

界与确权的历史

一、"洞天福地"的另一面：作为生计资源的山

　　"山"在《说文解字》中的解释是："有石而高，象形。"①作为一种地形地貌，它泛指高耸于地面的土石。在现代地理学上，一般以绝对高度 500 米为分界，分别山地和丘陵。山地的相对高度和坡度较大、起伏明显；丘陵的相对高度在 50 米至 200 米之间。但"山地和丘陵都是地球表面相对凸起的高地，都可以并称为'山'"。②本书所指的"山"也是在这个比较宽泛的意义上说的。因为研究侧重于从一种"产"或"业"的角度来理解"山"的历史，所以也更为注意山与平地在开发利

用和经济、赋役制度上的差异。

事实上，与平地相比，"山"在人类历史上，曾有着特别的文化和宗教意涵。将高耸的山脉视为与天上诸神沟通的渠道，将山林视为神仙居住或出没的场所，此类观念广泛存在于古代世界。学者们对中国的山岳信仰有很多研究。③他们认为，商代卜辞中就常见对山的崇拜，这是原始自然神崇拜的一种。④到了东周时期，祭祀山川的内涵变得更为丰富，尤其是"'望'成为一国疆界的地理标识，对群望的祭祀可以宣告君主对此地的控制，昭示权威、明确疆域。可以说，山川成为了地理与权力的双重符号，这正是山川祭祀在国家祭祀中最为重要的意义"⑤。魏晋以后，文人名士推崇老庄，以登山临水、归隐山林为尚，讲求传神的山水画也由此萌芽。⑥南方山区在北人南渡之后得到加速开发。一方面，人们对南方山林的认知和记录丰富起来；另一方面，这些记录因其主体是文人、僧侣和官员，所以更多表现为审美的面相。⑦

佛道和士人进入山林，或修行或隐居，他们以山水诗画、山水文学为载体，赋予山林一种"出世的"文化气质，山被认为是"中国文化精神的栖居之地""相对于庙堂的隐逸之地"，"寄托一种超越日常世界的精神追求"⑧。"山"的这种文化审美意象在宋人山水画中得到了登峰造极的表达。郭熙在画论《林泉高致》中对此有经典的论说：

> 君子之所以爱夫山水者，其旨安在？邱园养素，所常处也；泉石啸傲，所常乐也；渔樵隐逸，所常适也；猿鹤飞鸣，所常亲也。⑨

人和人的活动进入画中的山水之间，与山水构成一个整体，也让观赏者由此产生移情的效果。郭熙说：

世之笃论：谓山水有可行者，有可望者，有可游者，有可居者。画凡至此，皆入妙品。但可行、可望，不如可游、可居之为得。何者？观今山川，地占数百里，可游、可居之处，十无三四，而必取可居、可游之品。君子之所以渴林泉者，正谓慕此处故也。故画者当以此意造，而览者又当以此意求之，此之谓不失其本意。⑩

为此造意，即便是在寄托文人情怀的山水意象之中也有渔樵耕读、贩夫走卒。但文人记述、创作、欣赏山水仍然主要是对出离尘嚣缰锁、比邻烟霞仙圣的向往。山中的田园、人物是艺术化的，画家、文人在绘制和欣赏它们的时候，大概并不会去深思山中之人实际的生计和生活状态。山水画中的山居即便不被营造出缥缈仙境的意蕴，至少也是清幽安适的所在。这些是文人理想中

图 9　山居(浙江省龙泉市季山头村，摄于 2017 年冬)

山与人的关系。

现实中的山行、山耕、山居，则是另外一部历史。

《礼记》在论述山川之所以被祭祀的理由时说："山林川谷丘陵，民所取财用也。"⑪换言之，山川祭祀的合法性至少有一大部分来自它们的"财用"价值。对于东南山区的先民来说，山林从一开始就是他们赖以生存的资源，山伐射猎、烧畲为田，这些常常被称为"蛮"的山民⑫，他们与山的关系和故事，与流行于文人诗画中的"神仙窟宅""洞天福地"的山林意象之间，是存在着某种张力的。这并不是所谓真实与虚构的区别，而是"山"的历史的两个面相。

天台山就是一个很好的例子，呈现出了同一座山的双面历史。

如前所述，一方面，天台山作为早期佛道的隐修之地，很早就获得了仙山、名山的声誉。另一方面，很早也有人入天台山樵采伐木的记录。而且天台山的特点是"在下望之不啻千仞，及升其巅，四通八达间皆可数十里，如在平地"⑬，"其山之巅，俱有平田，堪以耕种"⑭，因此山中开垦有不少田地，民居、村落也渐次出现。然而，在关于天台山的记述中，山场作为生存资源和财产、产业的历史却少有人关注。明清时期，天台山的佛道寺观已衰败至极，"道观十废其九，僧寺亦十废其三"，但彼时张联元编辑《天台山全志》，仍然强调的是山中的"瑶花芝草""仙道踪迹",是六朝以来的"伟殿穹堂上摩霄汉,洞天福地大书图籍"⑮,对于分布其间的村落、山场、山田却惜墨如金。

天台山早期的文献,不管是僧道书写还是文人编辑的,都不是为宣示对山林、山居、山田、山地的权利而作。我们爬梳天台山的史料,一点点去追溯它从初有人迹、山居开辟到山业产权出现、明确的过程。从其中涉及樵采、隐居修行的描写中可以看到,起初人们对山场资源基本上是随占随用。直到唐代,才出现因为皇帝敕赐寺观而封禁山林的记载。这种大范围的封禁在事实上并没有严格实行。天台山山场的确权,特别是对山场的划界占有、分管,见诸宋代文献。

在宋代,不仅世俗的国家政权开始登记山场资源,以之作为赋役计征对象,而且佛教的戒律规范也对寺观的山产发生影响。南山律宗的允堪和元照在浙东寺院推广戒律。律宗戒律不仅在教内区分了各类财产的属性、分配，而且他们极为重视的"结界法"还创制了寺院在空间上与外界限隔的方法。虽然结界是一种"神圣空间"的营造，而非产权界线的创制，但在后人的理解中，结界碑中记录的界、标被有意或无意地当作了一种寺院产业的边界。

佛教经律中使用了"界"这个字翻译sima，用"结界"翻译sima-bandha，"界"在汉字中的本义和用法就影响到人们对"结界"的理解，进而影响到僧、俗对"结界碑"和"大界相"的认识、论说和利用。关于律宗"结界法"中的"界"，元照在《四分律行事钞资持记》中引《羯磨疏》这样定义："谓分隔彼此，即所加之处。《疏》云：加法约处，除彼局此，故曰'界'也。"[16]这里解释"结界"之"界"是一种"分隔"，但这种界的生成，需要通过加之以"法"，即通过作法、仪式，将界内与界外分别开来。换言之，"结界"在佛教中专指按照一定的程序、仪式划定区域境界的一种做法。且不论其目的是所谓"驱除恶鬼"，还是使僧团生活得以合乎戒律，经过结界，某一空间得以有明确的边界与界外之地分隔开来。北宋僧人所作的结界碑中，出现频率极高的一个词是"自然"，未结界的空间被认为是"地犹自然"，而结界法的施行，即结束了这种"自然"，赋予了某一自然空间一种特殊的性质。

这里"界"的含义与世俗的疆域之界或产权之界，既有完全相异之处，也有相通的一面。汉字的"界"字在《说文解字》"田部"："界，竟也。"段玉裁注："竟，俗本作境。……界之言介也。介者，画也。画者，介也。象田四界，聿所以画之。"⑰所以，汉字"界"的本义就是在土地上划界，以为区隔分别的意思。西周铭文中的踏勘划界，详细记录了土地的界域，并且在道路或山谷口、山顶显要处垒筑土封，置立标识，表明其地之归属。⑱有时自然的山水石道等会被用作界标，但也必然经过人为的指认并宣示、记录。在这些关于土地封赐、交换的铭文和后世的约、契中，"界"所确立及区划分隔的，是对土地（有时也包括对土地之上的人民）的权利，主要是今人所谓所有权、经营权、收益权、处置权等，这与律宗"结界"的意义是完全不同的。但相同的是，世俗土地的划界订约，也要通过一定的仪式和宣示。通过划界立约，土地的性质发生了变化。

换言之，"结界""经界""划界"都是通过人为地在土地上进行认定或作出标识，划定空间场域，对原本自然的土地施加以"法"，以此改变土地原本的自然状态，而使其具有某种属性。"结界"之"界"与"经界""界至"之"界"的这种相似性，大概是宋初孤山智圆在多篇结界记文中都提及"提封""界畔"的原因，也是宋代以后寺院"结界"的记录，被士大夫越来越多地、无意或有意地释读为具有疆畔、产权意义的"界至"的基础。

自宋以来的士大夫、学者乃至僧人对"结界"和"经界"的理解，背后是佛教戒律演变史和世俗田土确权历史的交织。在对律宗戒律的研究中，有关寺院经济的戒律向来为学界重视。何兹全先生的《佛教经律关于寺院财产的规定》《佛教经律关于僧尼私有财产的规定》⑲和近年陈怀宇先生的著作⑳，都专门论述了道宣《行事钞》和《量处轻重仪》中涉及寺院财产的制度和经济管理的戒律。他们重点讨论的是，在不同类型的财产（轻物、重物）所有、处分中，寺院、僧侣和施主的权利问题。结界的本意，并不是宣示对土地、场域的占有，如果说它与寺院财产之间有所关联的话，那也只是体现在界内现前僧"利养共有"这一点上（在"法食二同"类的大界中）。宋代以后，僧俗以结界为寺院经界之范围的认知日渐显著，这一现象需要放到田土山场等不动产确权需求兴起的历史背景下做考量。

刻有四至信息的寺产碑刻最晚在北齐就有出现，如唐长儒先生所著《北齐〈标异乡义慈惠石柱颂〉所见的课田与庄田》中所研究的，信士所施舍的田园包括均田制之内的课田，也包括大量庄田。㉑值得注意的是，课田下标注有东西界至信息，而庄田则没有界至信息。这说明施舍为寺产的田园，其界至信息的记录，可能与课纳租调以及国家户籍地籍编制有一定的关系。㉒这些早期施舍寺产的石刻，其主要目的是旌表信士的善举，它们在确权，尤其是界址争讼上的意义不明。

唐代以后，寺观产业的界至信息较为常见，如前述唐开元十八年（730）金仙长公主赐寺产一事。其中录有所赐田庄果园、环山林麓的界至，这就有了为寺院产业、地基确权的意思。宋代以后，受到田土登记和经界的影响，寺院产业中明确四至的产业记录已较为普遍。㉓宋代"寺观户"和世俗土地所有者一样要交纳二税㉔，寺院田产争讼也多以砧基契照为凭据。

但是如果细分的话，寺观基址和寺院田产、山产仍有不同。嘉定《赤城志》对寺观的产业有详细的记录，但只有台州宁国院等七座佛寺在经界中登记有"基"㉕。与寺田寺山相比，寺院基址的经界登记似乎更不积极。清代天台县仍有观祠殿宇基址例不起科之说。㉖尤其是城市之外、处于乡村山林的寺院，对寺院基址进行确权意义上的定界，可能晚于寺产田山，也晚于寺院的"结界"。这恐怕也是僧俗将"大界相"碑作为寺院四至界碑来理解、使用的原因之一。而随着律宗的沉寂和佛教世俗化，以"结界"为寺院区域范围乃至产权宣示，逐渐成为相当普遍的一种认识。

东南山场，包括像天台山这样的佛道名山，其开发、占用和确权的历史，最终是走向世俗化的。明清以后的资料中，不乏山场争讼的记录，其中既有寺观僧人之间的纠纷，也有天台山及周边地区的士绅、百姓与僧道之间的纠纷。康熙年间，知县戴兆佳的《天台治略》中记录了不少天台山山产的纷争。前述清圣祠案所涉的所有山田产业也都位于天台山中，就在桐柏观的周边，最晚在明代后期就已经登记在官府的田土册籍中，并且设立了桐柏观户。根据清康熙年间找到的鱼鳞图册，"桐柏宫山场四至开明，南至岭角、北至寺山、东至溪水、西至官路，盖山与田地俱在此四至之中，并无他人丝毫之产在内"㉗。这些山中的资源在明代就被周边官绅所侵夺，他们不仅在其中占造坟茔，而且将祠基周边都开垦为田："今清风祠旧基，已为张姓造坟……其观前大路，及乾道碑石以北，并二门以外，凡龙虎庙、棂星门等各基，俱垦为平田。"㉘如前文所述，清代的观产之争还一度激化至暴力凶殴。

对天台山场资源竞争的加剧，还表现在原来只作为山田随带的"荒山"一项，也被认为"亦有花利"，和田地、坟产一样被独立出来，课税完粮，缴纳岁租。这个过程发生在清初的山场争讼中。桐柏观产中的山场部分，虽然在晚明的印册中就有记录，但变卖时不计价银，而是作为田地"随带"，事实上是"赠与"了买主。到了康熙末年的《新收印册》中，这些山场已经和田产一样需要承担各项税银："山五顷六十九亩，实在粮额……每亩科银八厘七毫二丝，共该银四两九钱六分一厘六毫八丝。一加带征时价班匠银一分三厘三毫二丝。一加浇丁银四钱三分二厘二毫二丝。通共条银五两四钱七厘二毫二丝。遇闰加闰银一钱四分三厘六丝。"[29]至此，这些山场就正式成为在官方赋役册籍中可以"计数"的产业。

天台山自有文字记录以来的历史，说明它在神仙窟宅、洞天福地的另一面，是山区人民和僧道的居地、生计来源。资源竞争也带来越来越精细的确权需求，最后山场成为官府地籍登记中的项目，成为"计亩"课税的对象。这不仅是天台山经历的历史，也是东南山区众多山场确权历史的缩影。

二、在"公地悲剧"之外：从历史角度看山场确权的出现

在与山场、森林产权有关的问题中，加勒特·哈丁（Garrett James Hardin）的"公地悲剧"（Tragedy of the commons）论是最有影响力的论述之一。哈丁让读者想象一块对所有人都开放的草地，作为一个理性人，每个牧人都期望自己的收益最大化，也就是尽可能多地放牧，最后的结果就是草场资源的耗尽。就像哈丁论文标题所使用的"Commons"一词所示，这种情形可能发生于所有公共资源，包括公共的山场。哈丁在文中断言，"公地悲剧"无法通过诉诸道德和良心来避免，而必须以"共识之下的彼此强制"来解决。用来避免"公地悲剧"的方案就是创立私有产权和法定继承权。㉚

"公地悲剧"论在经济学、管理学领域都得到了呼应

或批评。用经济学产权(制度)学派的表述,土地的公有制"没能将任何人实施他的共有权利时带来的成本集中于他身上",人们会因此在土地上过度狩猎或劳作,结果是公共资源因过度使用而枯竭。资源在产权上的排他性缺失或不足,造成"一个共有权利的所有者不可能排斥其他人分享他努力的果实,而且所有成员联合达成一个最优行为的协议的谈判成本非常高",因此私有制成为资源有效利用、持续利用的最佳选择。[31]道格拉斯·诺思(Douglass C. North)特别强调清晰界定产权的作用,并设想了公有产权让位于国有产权或个人私有产权的历史过程。[32]

经济学的逻辑推演,当然不是公共资源中演生出私有产权的真实历史。与制度经济学家的观点不同,政治经济学家埃莉诺·奥斯特罗姆(Elinor Ostrom)从经验研究出发,认为私有化和集权化并不是理想方案,"公地悲剧"论"没有问为什么公共土地延续了许多世纪"[33]。她强调自主组织和自主管理的有效性。历史学家汤普森（E. P. Thompson）用圈地运动的例子来证明"公地悲剧"论是一种偏见。"这一论点来自于英国议会圈地的宣传者，并且来自于一种特别的马尔萨斯人口论的变种。尽管这种观点采用了通情达理的调门，平民自身的通情达理却被忽略了。经过了一定的时间和空间，公地的使用者派生出了多种不同的对使用权加以束缚和限制的机构及村社法令。"㉞他从"习惯"的角度说明"共有"权利的合法性，认为这种自发形成的共有状态，在其上形成了各种有效的习惯、规则。他们从现实经验和历史中发现"公地"的长期存在和良好运作，质疑"公地悲剧"论及其背后对私有化和集权化的推崇。

但不论是制度经济学家对"公地悲剧"所提出的解决方法，还是政治经济学家提出的替代方案，或者是历史学家从历史经验中看到的"事实"，权利的清晰界定都被认为是解决问题的关键。埃莉诺·奥斯特罗姆总结那些公共资源成功管理的原因，第一点就是清晰界定边界，包括对资源本身的界定和对有权使用资源的人的界定。⑤汤普森所说的"公地的使用者派生出了多种不同的对使用权加以束缚和限制的机构及村社法令"，也可以理解为哈丁所说的"共识之下的彼此强制"。换言之，他们的分歧只是在于，所谓"公共"的定义究竟是什么；产权的创制或设定权利边界，其主体是集权国家还是自发的社会组织、机构。

考察东南山场确权的演化，让我们有机会从山区长期的历史过程来思考这个问题。作为"公地悲剧"论的基础，所谓"公有""共有"本身在历史研究中就是一个需要界定的分析概念。近年来，菅丰从民俗学的角度研究日本河川资源，他引述戴维·菲尼（David Feeny）等人的观点，将资源的所有分为四个类型：一是人人均可利用的开放性利用（非所有性）资源；二是由国家或地方公共团体所有和管理的公有性资源；三是由特定成员所组成的集体共有和利用的"共有资源";四是个人所有并利用,具有排他性的私人资源。㉟按照资源所有者的类型和身份所作的这四个层次区分(尤其前三种区分),将之前研究中模糊的"公有""共有"等概念进行了清晰的定义,对相关讨论的帮助很大。在此基础上,我们可以再从历史学的视角加以考察,关注这些资源所有类型相互间的演化/转化过程。

一般我们假定资源曾经都处于"无主"的状态,此时资源是开放的,即绝对的"公有"。但这只是一个理论上的起点。在历史经验中,当人们意识到曾经有过这样一种状态存在时,正是因为这种状态已经不复存在或岌岌可危。以本书所关注的山场资源来看,与土地、水面等资源一样,山场的排他性权利最初的确来自占用,即所谓"先占原则"。但是这个原则本身并不能解决确权问题。一方面,不论是"先占",还是持续投入工本或进行管理的占用,都需要宣示和"证明",而"证明"往往是依托于某种制度或习惯的。另一方面，山场确权面临的问题更加复杂，在较长的历史时期中，山场的管理、利用常常是不连续的。一片山场往往经过多次"无主"与"有主"的转换，就像本书引言中浙江建德的山场在太平天国运动前后所经历的故事一样。对于这样一个长期而且反复的历史过程，不论是"公地悲剧"还是"先占原则"，在实践中都缺乏解释力。

首先，"公地悲剧"（或者对"公地悲剧"的预判）和山场确权需求、产权出现之间，在具体的历史过程中并不一定存在真实的因果关系。如前文所述，东南山场从东汉建初元年(76)会稽的刻石占山开始，坟域的划定和寺观占山构成了早期山场划界私占的记录。这些行为背后也许的确包含了对山场资源被他人盗用的忧虑，但却不是主要出于优化资源利用、提升经济效率的目的。宋代以后，私有观念强化，界址日渐精确，这固然与山区人口增长，山场作为经济资源的重要性提升，特别是茶叶、木材等的商品化种植有关，但国家出于控制地方秩序和财政的需要而推行的赋役制度，在山场确权中扮演了重要的角色。明清时期，一些村社或宗族的共有山场之所以被划分山界、分割为私人所有，也并不是因为资源在"共有"状态下难以维护，而是为了应对社会或亲属关系的调整和改变。

其次，由于历史过程的"层累"作用，山场的产权性质往往很难以所有者的类型作清晰的区分。菅丰对"共有资源"与"公有资源"进行了划分，强调围绕"共有资源"的利用而结成的"生活世界"，即人们共同使用共有资源，"为此织就了浓密的人际关系，确立了规则、组织等一系列体系"㊲。然而，中国历史上人们对山场"产权"性质的认识和他们的确权策略中，体现出多层次叠加的产权属性。"共有资源"与"公有资源"之间事实上很难这么清晰地截然分开。这在寺观山场的产权问题上表现得特别明显。它们到底是属于僧人或捐助人"私人所有"，还是属于寺庙、僧团或捐施的宗族所有的"共有资源"，抑或是属于"国家"所有甚或是"天下人"所有的"公有资源"？相关的争议频繁出现在寺产纠纷中。

康熙三十一年(1692)杭州府为云林寺(灵隐寺)立有一块禁约碑，禁止盗卖盗买飞来峰以葬坟。禁约开头先回顾了东晋僧人慧理开山创寺、隋文帝敕建神尼塔的历史，然后就说，"自是之后，此峰遂为国家禁地"。之后又列举了宋代韩侂胄以及明代陈姓官宦意图侵占，均告失败的故事。关于明代事例的记述尤为有趣：

> 及明天启元年，有陈宦者，复萌侂胄之心，事闻，巡抚苏公除一面审断外，另于悬崖峭壁凿擘窠四大字，曰"天子万寿"，款曰："天启元年，都御史臣苏茂相恭立。"至今炳炳煌煌，万目毕睹。其称臣者，示名器所在，即天威咫尺之所在。《礼》曰："齿路马，有诛；蹴路马刍，有诛。"夫以君王之马，

与马所食之刍，齿之蹴之，罪且不宥，何况**山有天子之号**，而敢于其顶上尚可谋葬之人哉！⑱

明代末年，灵隐寺在山场确权之诉中，祭出了"天子"的大旗。接下来，这通禁约碑继续讨论寺观山场的权属性质问题：

> 若谓价买非谋，天下名山，**莫非王土**。延僧奉守香火以祝圣寿，名为**千年常住**，不同俗家父祖所遗之私产也。若使一朝僧，可卖千年常住，凡属天下匪人，无所投奔，相率逃入空门，今日削发，明日卖山，是恒、岱、嵩、华，皆偷儿乞丐起家之本也。天下名山僧占多，盖常闻之。天下名山僧卖多，有是理乎？⑲

"天下名山僧占多"这句带有批评色彩的俗语，其背后是对寺院占有山场的合法性的质疑。事实上，从雍正七年(1729)、乾隆五年(1740)和乾隆五十三年(1788)的三块免粮碑来看，灵隐寺众多的田、山、路基、寺基等产业，早已登记在"寺户"之下，有鱼鳞字号、亩数，并一度要承担地丁银、漕银等。但杭州知府在禁约碑中强调的是，与飞来峰类似的天下名山，虽然属于寺院管业，因为"风水关乎万姓，古迹建于前朝"，"天下名山，莫非王土"，它们仍然有"王土""天下公器"的属性，是不能由管业者"寺户"僧人自由处置的。

这块灵隐寺禁约碑对寺观山场的表述是很典型的。现代学者常从产权概念，特别是从"公"与"私"的二元架构分析寺观产业的这种特殊性，如认为"庙产处于一系列'公—私'相对的权利关系之中。公产与私产，在传统文化中具有动态的相对意义。……庙产相对于传统社会中其他主体而言为寺庙的私产，但在专制皇权的社会背景下，这种'私权'也极易被消解，成为国家的公产"⑩。

这种分析固然没有错，但公—私的"动态的相对意义"，这样的表述对我们理解传统产权性质来说还是太模糊了。而且这也并不是庙产的特殊性，中国传统社会中所有产业，不论是私人产业，还是宗族、会社或寺观产业，都面临共同的问题。张小军曾直截了当地说："在中国社会，讨论土地的公有/私有当是一个伪问题。"在他看来，国家的象征地权过度所有才是根本性的问题。[41]

张小军在 2004 年发表的两篇论文中系统提出的"象征地权"和"复合产权"的概念，尤其适用于理解有关山场、水源等复杂的权属性质。不论是坟山、族山还是寺观占山，在对山场的利用中，人们对其权利来源及内涵的理解都不是单一的。[42]张小军认为复合产权是比较早期的人类产权状态，私有产权是后来慢慢发展出来的。他以山西洪山泉为例，认为其私有化过程经历了两个阶段："一是非国家介入的自然私有权阶段，至少从宋代开始，特点是私产权寓于村落的公产权；二是因国家税收而引起国家介入的私有化阶段，大约始于明代，特点是私产权寓于国家的政治产权。"⑬这就将国家在产权创制、变化过程中扮演角色，看成是一个后发的、入侵的过程。这当然也可以在世界其他地区的人类学研究中得到支持。但是在中国古代历史中，因为国家出现的历史悠久，统治技术和统治力量成熟，且具有区域差异性，这个"入侵"的过程和方式都需要再做更多的考察。关于"因国家税收而引起国家介入的私有化"问题，我们将在下一节集中讨论。在此，我们首先需要回顾在国家税收直接介入山场资源之前的"国家的象征地权"是如何施加于东南山场的。

近年来，中古史学者在族群理论和"政治体""华夏化"等概念之下，讨论了六朝时期南方山地人群的演化及其与中原王朝之间的关系。"南方山地被圈隔在华夏帝国的郡县网络之中，在政治上无法形成高级政治体，而呈现破碎、分散的局面；在经济上又不能自足，严重依赖平原上的华夏经济网络。""从华夏帝国出现之时起，南方山地社会的政治体发育就依赖华夏帝国从外部输入的政治、经济资源……其政治体演进就是在华夏帝国的官爵框架下进行，所以当其规模壮大后，演进的方向也不出华夏帝国官僚制度的范围。"⑭上述论断都强调了"华夏帝国"在南方山地历史上的作用，即尽管南方山区在受到中原王朝影响之前已经有人群居住生活，但是这些山地人群始终没有建立起自己的政治制度，而是被动或主动地"华夏化"了。这为我们理解东南山区山场产权的历史提供了重要的背景。

一方面，东南山场的私占在六朝之前已经开始出现，此时可能已经有当地人对山场的私占和权利意识，此后民众和寺院等陆续通过葬坟、开垦、营居、刻石、契约等种种方式，实现并宣示对山场的占用，并形成基于一定民众共识的地方性山产权利秩序。但是成文的、统一的产权制度并没有建立。另一方面，山泽公有的理念在中原华夏政权中早已存在，"山泽陂湖，物产所植，所有利润，与众共之"，这种宣示随着政权的拓展而延伸。当华夏政权的统治在东南地区建立起来之后，私占山林川泽的禁令就在东南山场上施加了国家的象征性权属，山泽王有并"与众共之"的理念也就在此落脚。与君权相捆绑的"公有"属性几乎成为东南山场产权演化历史上永不消散的底色。之后不管是佛教僧团通过戒律和仪式还是宗族、村社通过族规和乡约施加于山场上的种种"共有"产权宣示，都无法摆脱这层底色。

在中国历史上有所谓"官山"，仁井田陞认为中国传统上的"官山"并不是官府所有或国家所有的意思，而是指非私人所有或非共同体所有的山[45]，也即产权不明的山。这个观点，也被研究清代森林政策的相原佳之所认同。他们都认为，"官山"实际上是谁都可以利用的无主山林。[46]但事情的另一面是，就像我们在本书引言中所看到的那样，"官山"的性质往往在产生确权争讼时才被强调、表达出来。当人们用"官"这个字来定义所谓产权不明之山时，他们就将这些"无主之山"中隐藏的"国家的象征地权"明示出来。这种"国家的象征地权"也不是"公地悲剧"逻辑下的产物。

与经济学的思想实验和模型不同，也与政治学、管理学为了公共资源的最优利用而设计的方案不同，历史学关注产权确立和实践的演化过程。在中国历史上，这个过程并不是一种新的占有、管理制度对另一种旧制度的简单替代。尽管作为一种分析概念，我们可以将资源定义为开放性的、公有性的、共有性和私人性的，但是在古代山场确权的历史上，各种产权属性在迭代的过程中又有分化和层累。因此，我们才在较为晚近的山场争讼中看到所谓"复合产权"的现象。特别要强调的是，这个"复合"的特征是长期历史过程的结果。例如，以功德坟寺占山，以祖先的名义占山，以族谱中的文字占山，固然在不同时期和个案中建立起带有宗族共有色彩的产权性质，但在这些"共有性"之上仍然有着挥之不去的某种"公有"性质，甚至是某些资源、权利（如捡拾杂木薪柴或通过的权利）的"开放"性质。同时，在宗族共有之下也还有通过股份或轮值制度制造出来的带有私人性质的产权。回到历史过程的视角，这种复合的状态并不是一开始就有的，也不是一次性建构完成的，而是宋代以后，特别是在明清庶民宗族发展以后才逐渐发明、分化、发展起来的。

三、赋役制度与山场确权

如前所述，"国家的象征地权"从华夏政权在山区建立统治时即宣告存在，然而历代政权却始终没有针对山场建立正式的、专门的产权制度。但这并不意味着国家只是扮演一个"象征性"的角色。从历史经验来看，山场确权中不仅有私人之间、组织之间的竞争协商，还包括诉讼制度、赋税制度和其他国家机器的强制，它们都扮演了重要的角色。

近年来，学者们大量研究了元明以后国家制度对"川泽"产权秩序建立的影响，这对我们理解类似的"山林"产权问题很有启发。张小也、梁洪生、徐斌、刘诗古等对两湖湖区的考察都强调水域产权形态与陆地的差异，如水域和水上人的流动性、丰水期和枯水期水面的涨落，造成'湖区业权的季节性模糊'，使水面很难像土地一样清晰地标识出界线，即在民间文献和官方档案中频频出现的"水无硬界"之说。但即便如此，最晚在元明时期也已经有"捕捞权""入湖权"的观念出现，分割权利空间的"界"也开始在湖区建立起来。在追溯湖产形成、演变的历史过程时，除了湖区的开发、垸田的修筑、商品经济发展等因素之外，学者们都强调国家制度（特别是赋役制度），以及湖区社会权力结构在其间扮演的角色。例如，元末明初河泊所的设置，明代户籍制度对

"渔户""民户"的区分，宗族间的竞争等，都与湖产的确立、湖界的划定有关。[47]杨培娜在对明中后期福建广东沿海的研究中也发现，势力之家以办纳鱼课为由圈占滩涂，甚至在近海霸占海面，海界之争层出不穷。这一过程的制度背景也是河泊所的设立、裁革和鱼课的征收折纳。延至清中叶，官府基本上认可了海界的存在。[48]

山场产权的确立和水域有相似性，包括：（1）都存在着从开放或公共资源到私占、从无界到有界的发展过程，而且这个过程在很多地区是到相对晚近的时代才陆续出现的。（2）附着于其上的权利的多重性。水域除了渔业的捕捞，还有湖草、莲藕、芦苇等经济作物的种植和收获，水面通行、摆渡、灌溉等权利；山场既有林木、茶叶等经济作物的种植收益权，还有坟葬、矿产、采薪等权利。而且明清时期以后，它们和田土一样都发展出"底权""面权"的分化。（3）产权、产界的出现和确权大都多少与国家赋役制度有关。（4）定界困难，界址之争频繁发生。不仅"水无硬界"，山场争讼中的大量纠纷也是围绕着界址展开的，两造及调解、裁判的官员，围绕着山场的划界和定界展开论述和行动，这是山场资源开发过程中的重要事件。但是，如果回到产权实践的历史过程，不同地区山林川泽的产权、产界发展的差异就会显露出来。

东南山场的确权过程早于两湖湖区和华南海域产权、产界的出现。一方面，作为晚唐以来财赋重地的宣歙、浙西等地，最晚在宋代就有山场登记入国家赋税系统；此外的很多山场主要依靠民众开发利用过程中逐渐形成的契约和习惯确权。这种差异在南宋以后一直延续下来，影响到这些地区直到民国年间的山场确权方式。另一方面，南宋以后，几乎在所有东南山区都不乏因为护坟、开垦山地或竞争林木收益的需要，陆续将山报税登记的行为。尽管从产权保护和森林管理的角度来说，传统国家的能力似乎非常薄弱，但通过地籍登记、赋役制度和理讼实践，宋代以来的国家力量在山场确权实践中绝没有缺席。

赋役制度和地籍登记是国家"入侵""开放性资源"或"共有资源"过程中最重要的机制。菅丰的研究非常精彩地揭示了日本河川共有资源的管理利用制度的演变，认为这是日本赋税制度变化的结果，"鲑鱼捕捞正当权利的获得以向统治者缴纳税米、税银为前提"⑭。可见，以承担赋役作为权利得到国家承认和某种保护的前提，是一种通行的做法。

仍以寺观占山为例，仅杭州各寺院志中记载寺观山场登记于鱼鳞图册，并因此需要承担赋役的记录就不胜枚举。如明代上天竺寺：

版籍：前代乘除，复不可究。即国初图册，迄有变更。今准嘉靖三十五年六月初一日优免差徭帖文，上天竺寺，先朝始建，钦赐佛殿寮房基址，洎九里松路，合计一顷十二亩。按鱼鳞图册，前后正殿，钟鼓楼、丹墀、纸炉基地，一十一亩四厘六毫。又白云两峰堂基地，二亩八分八厘八毫。坐山三亩四分二厘三毫。案山五亩五厘，并率字号。……前朝钦赐，百不存一。惟定山北管等图地方，白石光山，所存一十一顷五十九亩。(50)

查得基址松路白石光山，花息无收，悉照光山之例，已经审派，每百亩准作一丁编役。(51)

明代净慈寺：

本寺实在基地山场　一百七十二亩二厘有奇，坐落钱塘县城西圩二图，腾字一百八十号，东至参政孙枝墓，南至方家峪山，西至发祥祠界，北至雷峰照山。显德初赐。自历宋、元，粮尽钦免。入洪武初，仅免佛殿廊基一十八亩，外仍随例办纳税粮。⑫

杭州灵峰寺康熙三年清丈有山八号，计六十五亩一分二厘，有邑令碑示：

咸丰庚辛之乱，寺产民产，界址不分。同治九年，寺僧悉本请于县令，履勘清量，得征地四亩，土山二十二亩，石山五十二亩，均为钱邑上扇四图宾字号，编入灵峰寺户。⑬

上述寺观山产记录中虽然多书明"钦赐"，但落实到具体产业的确权，仍需依赖各类册籍中的记录。明清以后，由于赋役制度的演变，不论是私人、宗族、会社还是寺观都可以成为户头，寺观的产业立于寺户之下，通过升科纳粮、登记入册，获得官方对产业"权利"的承认。从这个角度来说，寺观对于山或田的管业与民户并没有区别。

记录民山交易的契约中也表现出赋役制度对山场确权的影响。浙南遂昌县弘治十七年（1504）的一张卖山契约中记载了一起竹山交易：

> 十六都周永贵同弟等，昨承祖父置到本都土名内唵东边竹山一处，其山东至本家山合水直下园地，南至路，西至买主山，北至降顶。今具出，四至分明，为因无谷食用，自情愿亲立手契，将前四至内自己一分（份）出卖与本都全信玘边，三面凭中断作时值价钱稻谷三石，其谷当立契日一切收足无欠。所卖前山是自己承父物业，与内外人等即无相干，亦无重交，如有此色，自能支当，不涉买主之事，一仰执契管业。去后己子及孙即无色认之理。代（待）重造之日，收额一分五厘，所有愿（原）契是

兄永祥收执，今恐人口唯信，故立手契为用者。

弘治十七年十月廿五日

周永贵 永富 永寿 契

中人 周吉[54]

这是一处兄弟共有山场，契约记录的这次交易并非出卖四至之内的全部山林，而是其中属于卖主的一份股，这份股摊分到的山税是一分五厘。这则契约可以和前述在徽州鱼鳞图册中常见的山场“分庄”下的山税记录相印证，那些分庄的税亩数字可能也是从股份分摊折算而来，而非直接对应其中有明确边界或面积的山场地块。这不仅说明东南山场经营中股份制度的广泛存在，更重要的是，山场股份的分割对应山税的分割，或者说山场的股份以山税来计量和表示。

在现代土地产权制度的建立过程中，编制地籍被认为是基础性的工作。我们在前文中已经详细讨论了作为

"地籍"的鱼鳞图册在山场确权中的作用。明清鱼鳞图册中山产的信息是很不完善的。除此之外,一直到民国时期,东南山区还都存在大量完全没有官方登记的山场,它们很可能连鱼鳞图册这样形式化的、简陋的"地籍"都没有。上述契约中的山场并没有字号和亩数,但契约中又写明"代(待)重造之日,收额一分五厘",即这块山场承担山税。换言之,山场也许没有进入鱼鳞图册的系统,但登记有山税,契约中说明在下次大造黄册时,这份产业才转移登入买主的黄册中。显然,属于户籍记录的黄册系统,也承担着产权记录的功能。

事实上,历代政权的户籍登记对产业确权的影响,可能比地籍制度更早。在两税法实行之前,国家管理的重心在户籍和人口,主要的资源攫取方式是征发劳役,劳役征派常以"人丁事产"为标准,现在留存下来的最早的纸质籍帐中,就已经登记了土地资产的信息。⑤前引南宋的徽州户贴抄件中已明确登录有山的信息。元代湖州路户籍文书中记录的安吉县、德清县相当数量的户口中，其"事产"部分都有"田""地""山"。如王万四户事产"田土二十七亩九分五厘：水田二亩一分五厘，陆地八分，山二十五亩"，其中不登记土名、界址等信息，而只保留税亩数字。⑤⑥

明代黄册资料留存的数量相对丰富，以前讨论较多的徽州黄册中登记的事产信息包括税亩和税粮，甚至在"开除""新收"部分记录的山产，还包括推收入户和上手原主、山名和四至等信息。如《万历二十年严州府遂安县十都上一图五甲黄册残件》中记载：事产"山一顷三十亩五分八厘九毫，原民山今照一则征派夏税丝……秋粮米……秋租布……；开除……山一，推一则山一分系万历十八年卖于十四都一图二甲余九迁户土名连坞山，四至山"⑤⑦。最近学者们整理和研究的上海图书馆藏公文纸本《乐府诗集》纸背赋役黄册，其情况基本相同。例如，属于永乐二十年(1422)浙江金华府永康县义丰乡一都六里的户籍，其中每户的田地山塘都登记有税亩和夏税秋粮的数字，对于"新收"的事产登记则包括上手原主的信息，说明产业从何处入手，如卷四十九第十一叶背："一山三亩，系买到本都四图应潮户下山。夏税麦正耗四勺二抄八撮，秋粮米正耗六合四勺二抄。"⊗弘治五年（1492）浙江台州府临海县二十九都二图的赋役黄册虽然文字缺损较多，但仍然可以判断属于同样的登记方式。这些户籍文书中的山产记录也是确权的证据。

两税法之后，土地的占有和编户齐民的身份之间的结合越来越制度化。人的户籍与其产业是否能受到保护有密切的关系。这一点也体现在诉讼制度对告状人身份的要求上，如清代的格式状纸状头部分需要填写"钱粮""邻右"。山场较田土更晚，也更不易于被各政权登记、控制，山区的民众逃逸于编户之外的情况也更常见，但山场权利的纷争时常会牵涉山区居民的身份，官府亦通过对户籍的管控来处理这些与山场产权有关的问题。清中叶的棚民问题和所谓"驱棚"运动中就有大量的案例。

学界对闽浙赣皖山区的棚民有丰富的研究成果。[59]根据前人的研究，棚民与当地居民的山场纷争的重点是棚民开山造成的山区环境破坏[60]，但其中还牵涉了大量关于山场产权的纷争。棚民通过订立契约，向当地人（或宗族）租佃山场，种收玉米、茶桐或麻、蓝靛，这一方面引起了所谓"盗租"问题，即一些属于宗族、村社的共有山场或原来产权不明的山场，被个别人出租给外来的"棚民"，引发当地人对山场确权的要求；另一方面也有因为出租山场界址不明、契约字句模糊，随着棚民开垦范围的扩大而引起的纠纷。总之，因为棚民对山场前所未有的开发力度和广度，山场的确权问题变得紧迫而复杂。

在这类问题的处理中，虽然租佃契约的法律效力得到了充分考虑[61]，但棚民"无籍""异籍"的身份，也总是土客双方和地方官员关注的焦点。浙、皖两地官员提出的解决方案，就是将这些"无籍""异籍"的"棚民"就地编入保甲，入籍本地，一体管理：

> 诚如圣谕，此处驱逐，又至别省，总不能回本籍。普天莫非王土，棚民亦皆赤子，原不应稍分畛域，致令失所。……应请自嘉庆二十年为始，核其租种已逾二十年，现有田产庐墓、娶有妻室者，即准令入籍。其年分未久，业已置产缔姻，不愿回籍者，俟扣满年限，亦准其呈明入籍。若并未置产缔姻，租种山场尚未年满者及租票内并未注有年分者，应暂为安插。年分未满者俟年满饬退，未注年分者酌定五年饬退。㊿

浙江巡抚的这一整套处理棚民问题的方案，都是在解决入籍和山场产业权利的关系问题。在这些地方官员看来，让棚民回籍或在当地入籍，是解决纷争的基础。

而棚民得以在这些山区定居入籍，最根本的"合法性"来源，就是"普天莫非王土，棚民亦皆赤子"，也即我们在前文所说的，山林川泽的王有或公有，以及棚民作为"赤子"的身份；然后是棚民长期租种山场并在当地置业成家的事实。"业"的持有与户籍身份的获得互为相关。

在官府看来，山区社会的安定，就是人和产都落实登记在官府的簿册之上，处在官府的掌控之中。而对于山中的居民来说，"入籍"或在赋役系统中占有一席之地，也是他们保护自己山场权利的重要策略。郑振满对福建永泰山林文书的研究发现，虽然此地明清时期并无官方的山地管理档案，其产权制度是在民间自发形成的，但是当地的张氏宗族在族谱中却是用他们在里甲中的地位来说明他们对山场的权利的："由于张氏祖先担任'第十甲里长'，所以拥有对当地'税山'的支配权。在这里，山地的产权分配是以承担里甲赋役为依据的。""'纳税'被视为一种权利，也就是产权的凭证。"㊽

概言之，尽管山税数量少，国家对山场资源的管理相对于田土来说也较为消极，但国家的统治和赋役制度仍然强烈型塑了东南山场产权的内涵和确权的方式。首先，东南山场确权的历史与政权力量的扩张密切关联，不论是籍坟占山、寺观占山，还是民众山场确权的各种策略、表达，背后往往都有山林川泽王有、公有的观念。其次，政权对于山场的管控，并不仅仅是将其作为一种可以获得财赋的资源，甚至并不是首先将其作为一种资源，而是更为关注它们在稳定社会秩序和维护统治上扮演的角色。因此，将山区居民的人身和山场产业相结合的户籍制度，对山场确权有重要的影响。最后，宋代以后东南的部分山场直接成为课税的对象，被编制入砧基簿、鱼鳞册，这些既不完整也欠准确的地籍成为法定的确权凭证；没有进入赋税系统的山场也常常依赖于相邻的、已登记的田地和坟地确权。

四、山场的"权利束"与权利的边界

　　经过唐宋以来的开发，东南山场权属的复杂性，不仅表现为山场资源利用方式的多样性带来的各种权利分化，如同一处山场中樵采、开矿、殡葬，以及不同作物、树木经营出产收获的权利等，也表现为今人所说的占有、使用、收益、处分权的分化[54]。因此，当我们说到"以山为业"时，一方面是在说以山场为生计资源，另一方面也是在说人们围绕着山场资源形成各种权利关系，这些权利关系，在传统中国通常被笼统地称为"业"。

　　作为一个核心概念，"业"被很多法律史、经济史学者反复讨论。有的学者认为，"业"在广义上是人与土地建立的关系[55]；有的学者则强调，"业""在观念上并不以对物的占有为核心，而以收益的权利为其基本内涵"[56]。

但多少受到寺田浩明的启发，大家都认同，"业"并不是所谓"所有权"⑥，而是围绕着"物"或"土地"的多层次、多类型的权利。在这点上，彭凯翔的总结颇为精准，即"'业'不是一个机械的物的概念，而是与使用、收益相关的权利束"⑥。根据这一定义，山场本身并不构成"业"，围绕着山场所形成的各种使用权、收益权等才是"业"。我们正是在这个基础上，讨论"界"在确权历史中扮演的角色。

"界"的出现是与排他性"权利"观念的萌生相关联的。汤普森论述圈地运动的背景之下共有习惯的消失时就强调，对圈地的反抗很多发生在田埂、溪流、堤岸等边界上，或表现为对树篱、栅栏等界标的破坏。⑥埃莉诺·利考克（Eleanor Leacock）研究北美魁北克地区蒙塔格奈人，他们在合作狩猎的高流动性和弱政治组织性传统下，共同利用森林，之后因为外部世界商业力量的进入、对小型动物的毛皮贸易需求，森林逐渐转变为私人所有，其中标志性的变化就是狩猎区的划分。⑦菅丰研究的日本河川的共同利用中，不仅河川被按照聚落划分为片区，而且每个聚落内部渔民也用树木、岩石等界标来划分明确的"承包区"，渔民之间严格遵守这些边界线。⑪张小也研究的湖北汉川汈汊湖黄氏《湖案》，也揭示了湖洲、淤地等湖产的边界被逐渐划定的过程。⑫

山林川泽从无界到有界，这个产权历史过程的起点是最难追溯的。梳理东南山区的相关史料，可以发现对山场权利的空间宣示，经历了从点状标识到线状划界的过程，四至表述也从简略到复杂精细。然而，就像大多数历史研究一样，我们看到的只是"界"之产生演化的"文字史"，在文字记录"界"之前或之外，应该还存在着观念或实践中的"界"的阶段。这在清代西南民族地区侗人、苗人埋岩理词的习惯中还能看到。⑬甚至在地籍档案、分界合同等文书已经普及之后，我们也仍然能看到存在于日常认识和习惯中的"界"逐步转变为文字记录的痕迹。但是受制于历史研究的资料，我们对"界"的研究，就像对"产权"的研究一样，很多时候是通过研究需要激烈行动以对权利进行重新界定的竞争状态来管窥的，这也就是我们在研究中往往依赖于诉讼档案、记录纷争的"案"和分界合同等文字记录的原因。

值得注意的是，"界"往往并不是一条单纯的、空间上的界线，它并不意味着对界内之物的完全占有，它定义了某些权利，还包含着一整套制度和习惯。如刘诗古所说，渔民在湖区捕捞作业中的"界线"不仅是指湖面的边界区隔，而且也是历史上形成的捕捞习惯，"除了在哪里捕捞之外，还有在什么时间、用什么样的船和工具，甚至捕捞哪种鱼等等的权利"[74]。

但是，不论是对土地、山场还是对河川、湖泊，或者只是对其中的某一种特定资源的权利（如伐木、狩猎、捕鱼等），也不论是所谓"所有权"还是"山骨""佃权""典权""股份"等，确权最终大都要落实到一个有着相对明确边界的空间中。换言之，在创制或转移各种权利的过程中，"界"始终是一个基本的、保证排他性的维度，每一种"业"大都有其空间范围上的"界"。这也是本书重点关注东南山场确权历史中的"界"的问题之原因。

如前所述，与中国历史上的田土相比，人们对山场资源的精确定位和划界，一般来说相对滞后，而且具有极大的地区差异。山场利用乃至占断的最初阶段，并不一定有明确的界址出现。但经过人们在山区的长期活动、开发，明清时期的东南山区，不仅山场界址已经普遍存在，而且还针对山场中的特定资源设定界址。对特定资源或权利的空间范围进行确认，可以说是在山场精细利用的过程中必然会出现的需求。清代《诸暨谕民纪要》记载有一起坟山争讼：

> 缘姚继孝等有山一处，坐道字四百六十号，计
>
> 山三分二厘；又一处坐道字三百五十三号，计山二

厘，俱土名小坟山。而此三百五十三号之山，于嘉庆年间安葬其祖姚□□夫妇坟墓。石士章等亦有小坟山，山一亩，上葬祖坟一穴，下葬祖坟累累。现因贪利营私，将山卖与姚克昌，得有份籍，听其开掘葬坟，以致姚继孝阻葬呈控。兹经勘后集讯，查当日姚买此山，葬有祖坟，山无界限，是俗所谓内得之山，非所谓分受之山也。盖内得者，不拘多少，通山有份也；若分受者，山之广狭，界限分明也。今山属内得，石士章等欲将己之份籍拍卖姚克昌葬坟，非但盗卖之不合于理也，而且害人之坟，于心安乎？……㊄

这是一起关于山场殡葬权利的争讼。登记在姚继孝、石士章户下的山产，土名"小坟山"，有两个字号，应为两户共有，二户名下的税亩所对应的是他们各自的股份。因为"查当日姚买此山，葬有祖坟，山无界限，是俗所谓内得之山，非所谓分受之山也。盖内得者，不拘多少，通山有份也；若分受者，山之广狭，界限分明也"。所谓"通山有份"，是对山场中的林木有份，还是对山场的土地、矿产有份，抑或是有在其上造屋葬坟的权利？"有份"的内容在最开始大概是并没有明确规定的。石姓出卖他名下的山产与他人葬坟时，被认为侵占了姚继孝的权利。但知县没有对两造的权利进行内容上或空间上的界分，最后只是以"嗣后两姓俱永禁殡葬，以杜争端"结案。

这种原来股份制共有山场的权利分割，也有的是通过将股份转化为分界占有的形式来实现的。如以下浙南松阳县的契约记载了将山产股份转换、落实分割为具体空间的做法：

> 立卖契人刘蓝福仝弟三满四满，今因粮食无措，自愿将祖父遗下土名廿四都内坑里庄坛头塝茶

桐山一处，计山额一分，三股，其中蓝福分下一股，立契出卖与涂家春边为业。当日收过山价钱十千文正，其钱即日亲收完足。其山茶桐，面仝契中踏界拍卖，左至刘绍魁山脚横路为界，右至中央仔岗分水横路为界，上至横路为界，下至袁福芳田塍为界，今具四至分明，任凭涂边前去执契照界管业……乾隆陆十年九月念（廿）七日立卖契 刘蓝福 同弟刘三满、刘四满……⑦⑥

这张契约出卖三分之一股份，对应划出了一块四至分明的山场。股份被转化、固定为有明确边界的实地的权利。如前所述，这种情况在徽州文书中也很常见。需要注意的是，这张契约强调了所出卖的是四至之内茶桐的收益权。茶桐是这处山场中的主要资源，但除此之外山场的其他潜在权利是否在"执契照界管业"之内，这张契约并未明确。

事实上，对于山场中的多种类、多层次权利的区分，早就存在于法典之中。《唐律》规定："诸山野之物，已加功力，刈罚积聚，而辄取者，各以盗论。"这条律在后来明清律中都被继承。法律学家将其与唐律中的"诸占固山野陂湖之利者，杖六十。【疏】议曰：山泽陂湖，物产所植，所有利润，与众共之。其有占固者，杖六十。已施功取者，不追"互相参看，认为中国传统法律中固有"无主物原则上归先占者所有"的先占制度。⑦ 但是，正如学者也指出的，这条律强调的是"已加功力"，即对山野资源的占有是"以人力劳动的施加为前提"的，也只限于"已加功力"的资源，它并不挑战山野整体的国有属性或我们前述的"国家的象征地权"。与"国家的象征地权"在政权统治的范围内不设边界的特征相反，法律所承认的"已加功力"的山场资源往往以"力之所及"为边界。

在山场的租佃、合伙经营契约中，各种资源、权利也被清晰地区分开来。除了前述的坟葬权之外，采矿权也是一种常见的山场权利。清代官山由矿商向政府申领执照开采，民山民地则听地主自采。根据学者对巴县档案、房山门头沟窑契的分析，清代不论是官府批出的官山采矿执照，还是山主所立的租佃契约，都对采矿的边界有所规定，禁止越界采矿。与一般的山场或山林的买卖、租佃契约不同的是，矿山四至的表述可能更为粗略。但是有的契约除了东南西北四边的界定之外，还会有"上下"这一维度，即"上挖齐草皮，下挖齐海底"或"阴界煤炭""阳界山土"类似的表述，这说明了地下采矿权与地面各种权利的分离。[78] 东南山场中的采矿也类似。[79]

林木是东南山场最重要的资源，因此最为常见的是出批杉木契约对山场土地和其上杉木进行明确的权利区分，有的还对出批的杉木和其他杂木做了区分。如《明清福建社会经济史杂抄（续二）》中所录光绪二十一年（1895）立出批杉木合同字中约明：

自受价后，任凭客商登山砍伐，但批内只算杉木，至于杂木牳竹，除架驴路驴棚应用外，毋得妄行糟蹋。其界内杉木所有来历不明，山主自当料理明白，不管客商之事，倘客商有砍伐越界及另生事端，不管山主之事……该山杉木限尽戊戌砍伐一次，至木料运出境外，本批合同字即便抹销退还山主管业。⑧

该合同对批出杉木的山界、砍伐时间、次数都有明确的说明，而且规定了界内的其他树种并不在出批的范围内。

在徽州的"伙山经营合同"中，原山主和承管山场的合伙人，就山场经营和利益分配写立契约，对山场和其上的出产也都有分别约定。以《中国历代契约粹编》中所录的《明正统九年祁门县朱忠伙山地合同》《明弘治十二年祁门县胡六等伙山合同》《明弘治十三年祁门县朱文琛等伙山合同》等为例,其中多有约定"其山地并苗木议作对半管业,本家得一半,朱忠栽种杉苗得一半"或"其山除浮木合分,山骨本家得存留"[31]之类。承管山场的一方凭借栽种管理树木所付出的劳动,或者分得一部分山业,或者仅仅获得一部分山木(浮木)。这类契约中,出现了"山骨"的概念。在近代浙江龙泉的山产争讼中,当地人也说:"民间产业必有山骨于先,方能开田亩、厝坟茔于后,普天皆然。"[32]从这些契约和表述来看,都需要先确立有明确边界的山场,然后再对其上杉木的种植、收益或其他权利进行处置,山场的产权进一步细分并得到确认和宣示。

但这并不意味着对空间边界明确的山场土地的占有,一定是先于其中各种具体资源和形式的权利出现的。在历史上,确权的顺序也可能恰恰相反。清水江的山林在清代中期才开始商业开发,外面的木业市场既激发了确权的需求，也带来了确权的制度和方法。"在民间保留的记忆中，过去清水江下游一带地方的挖山种杉，是'种'到哪里就'管'到哪里，似乎没有一个清楚的山场土地权属的概念。""大量契约文书的出现，当是外来的土地权属观念经过相当一段时间之后，渐次被这里的居民接受和采用的结果。"⑧换言之，人们获得的权利首先来源于"种山"这种劳动，是对所管林木的收益权。

我们考察这些契约也会发现，清水江早期的林业契约反映的是合股开山所占的股份和利益分配，也即基于人力（或财力）投资而获得的利益。山场土地资源本身在契约中并不是描述的重点，很多契约对山的表述甚至只写有一个山名。直到后期的契约中才出现山界，而且最初是以"外批"形式出现在契尾的部分。如文斗下寨姜姓乾隆三十五年"计开辟猿善山"契就只记载了合股人的姓名和股份，一直到道光二十七年(1847)同一山场的契约才在记录了股份买卖变化之后，于末尾处对山的四至作出了表述:"外批:界限上凭□,下凭大路,左凭小冲以绍吕田角为界,右凭冲上截以岭为界,下截凭菜园以路为界。"㉔在确权过程中,对山场进行空间上的分界,并以"四至"来描述这种分界,是随着确权和转移的需要逐渐被制造出来的。

概言之,从最初的"无主"状态,即山场所有资源对所有人都开放,到山场被现代测量手段精细测量划界,人们以各种权利证书对山场中的特定资源和各种权利进行确权,这是一个漫长的历史过程。如果说从现代法律和产权的角度来看,确权并不是确定人对物的权利,而是人与人之间的权利关系,即"某主体对某物拥有某项'产权'即意味着其他主体有义务不干扰该主体对该物的占有和使用,并且这一义务是有强制执行力的"㉕,那么"界"表面上是对"物"(山)的划分和定义,实质上是对"主体"(人)的权利边界的定义。

换言之,划界或者界标的明确化,既是界定"物"的一个关键性步骤，更是界定人的各种权利在空间上的边界。明清时期东南山场不论在权利的类型、收益的对象还是经营方式上都具有多重性，但"界"是确权中最基础的概念。山场的各种资源、人的各种权利，大都需要附着在一个边界相对明确的空间之中。正因为如此，界址之争是明清山场争讼的主要类型，"界"也就成为山场确权中的一个核心概念。以围绕"界"的确权实践为基础，"以山为业"的人们创制出多层次、多类型的山场产权观念和秩序。

注　释

① （汉）许慎撰，（清）段玉裁注：《说文解字注》，437页，上海，上海古籍出版社，1981。

② 地理学对山、山地的定义，参见《中国大百科全书(简明版)修订本》，4146页，北京，中国大百科全书出版社；张根寿主编：《现代地貌学》，253~260页，北京，科学出版社，2005。

③ 沙晚：《泰山：论一种中国信仰》，见渠敬东、孙向晨主编：《中国文明与山水世界》，北京，生活·读书·新知三联书店，2021。游琪、刘锡诚主编：《山岳与象征》，北京，商务印书馆，2004。《山岳与象征》一书中，森鹿三《中国古代的山岳信仰》一文以《山海经》为主要史料，对山岳的各种

象征意义及崇拜方式进行了概述。

④ 詹鄞鑫：《神灵与祭祀——中国传统宗教综论》，66～68页，南京，江苏古籍出版社，1992。

⑤ 田天：《国主山川——东周的山川祭祀与国家》，载《国学研究》，第30卷，2012。

⑥ 陈传席：《中国山水画史》，27～33页，天津，天津人民美术出版社，2019。

⑦ 张伟然、夏军：《东晋南朝时人对南方山林的地理认知》，载《云南大学学报(社会科学版)》，2018(1)。

⑧ 渠敬东、孙向晨主编：《中国文明与山水世界》，"山水辑刊"第一辑《发刊词》，北京，生活·读书·新知三联书店，2021。

⑨ (宋)郭思编，杨伯编著：《林泉高致》，11页，北京，中华书局，2010。

⑩ 同上书，19页。

⑪ 十三经注疏整理委员会：《礼记正义》，1524页，北京，北京大学出版社，2000。

⑫ 鲁西奇：《南方山区开发的历史进程、特征及其意义》，见陈锋主编：《中国经济与社会史评论(2009年卷)》，49～87页，北京，中国社会科学出版社，2010。

⑬ (明)释传灯：《形胜考》，见(清)张联元辑：《天台山全志》卷一，62页，上海，上海古籍出版社，2016。

⑭ (清)张联元辑，徐永恩校注：《清圣祠志校注》卷一《详明观田归观以便建祠设祀事》，19页，杭州，浙江古籍出版社，2018。

⑮ (清)张联元辑：《天台山全志》卷一《凡例》，55～56页，上海，上海古籍出版社，2016。

⑯ (宋)元照：《四分律行事钞资持记》，见《大正新修大藏经》第四十卷，202页，台北，财团法人佛陀教育基金会，1990。

⑰ (汉)许慎撰，(清)段玉裁注：《说文解字注》，696页，上海，上海

古籍出版社，1981。

⑱ 鲁西奇：《封、疆、界：中国古代早期对于域界的表示》，载《史学集刊》，2020(1)。

⑲ 两文见何兹全主编：《五十年来汉唐佛教寺院经济研究》，141～181页，北京，北京师范大学出版社，1986。

⑳ Huaiyu Chen, *The Revival of Buddhist Monasticism in Medieval China*, Chapter 4 " Property and Buddhist Monasticism", New York: Peter Lang Publishing, 2007.

㉑ 参见唐长儒：《山居存稿》，119～128页，北京，中华书局，1989。

㉒ 虽然在先秦文献中就有"田结"的记载，但是目前发现的北魏以前的籍帐文书中，田产的部分是没有界至信息的。参见张荣强：《〈前秦建元二十年籍〉与汉唐间籍帐制度的变化》，见《汉唐籍帐制度研究》，北京，商务印书馆，2010。目前所见《西魏大统一三年(547)瓜州效谷郡? 计帐》中田产的登记有四至信息，明显是与受田的制度有关，见[日]池田温著，龚泽铣译：《中国古代籍帐研究》，55～76页，北京，中华书局，2007。

㉓ 参见杜正贞：《明清以前东南山林的定界与确权》，载《浙江社会科学》，2020(6)。

㉔ 关于宋代寺院土地的研究，见黄敏枝：《宋代佛教社会经济史论集》，台北，学生书局，1989；游彪：《宋代寺院经济史稿》第五章至第七章，129～209页，石家庄，河北大学出版社，2003。

㉕ 嘉定《赤城志》卷十四，1页上～31页下。七所寺院全部位于州内，其中教院四所，律院一所，甲乙院二所，尼院一所。

㉖ (清)张联元辑，徐永恩校注：《清圣祠志校注》卷首《凡例》，14页，杭州，浙江古籍出版社，2018。

㉗ (清)张联元辑，徐永恩校注：《清圣祠志校注》卷三《印贴》，82页，杭州，浙江古籍出版社，2018。

㉘ (清)张联元辑，徐永恩校注：《清圣祠志校注》卷一《又前事详议覆布政司文》，25页，杭州，浙江古籍出版社，2018。

㉙ (清)张联元辑，徐永恩校注：《清圣祠志校注》卷三《祠户四面山场土名分租册》，84 页，杭州，浙江古籍出版社，2018。

㉚ Garrett James Hardin, "The Tragedy of the Commons," *Science*, New Series, Vol. 162, No. 3859(Dec. 13, 1968), pp. 1243-1248.

㉛ ［美］哈罗德·德姆塞茨：《关于产权的理论》，见［美］罗纳德·H. 科斯等著，刘守英等译：《财产权利与制度变迁：产权学派与新制度学派译文集》，77 页，上海，格致出版社·上海三联书店·上海人民出版社，2014。

㉜ ［美］道格拉斯·C. 诺思著，厉以平译：《经济史上的结构和变革》，108 页，北京，商务印书馆，1992。

㉝ ［美］埃莉诺·奥斯特罗姆著，余逊达、陈旭东译：《公共事务的治理之道：集体行动制度的演进》，25 页，上海，上海三联书店，2000。

㉞ ［英］爱德华·汤普森著，沈汉、王加丰译：《共有的习惯》，109 页，上海，上海人民出版社，2002。

㉟ ［美］埃莉诺·奥斯特罗姆著，余逊达、陈旭东译：《公共事务的治理之道：集体行动制度的演进》，8 页，上海，上海三联书店，2000。

㊱ ［日］菅丰著，郭海红译：《河川的归属：人与环境的民俗学》，7 页，上海，中西书局，2020。

㊲ 同上书，8 页。

㊳ (清)沈镕彪：《续修云林寺志》卷一《禁约碑》，19 页，杭州，杭州出版社，2006。

㊴ 同上书，20 页。

㊵ 吴昭军：《"社会所有"抑或"公产"：寺庙财产权属形态的历史考察》，载《世界宗教文化》，2019(3)。

㊶ 张小军：《象征地权与文化经济——福建阳村的历史地权个案研究》，载《中国社会科学》，2004(3)。

㊷ "复合产权"包括经济产权、政治产权、文化产权、社会产权和象征产权五个维度。张小军：《复合产权：一个实质论和资本体系的视角——

山西介休洪山泉的历史水权个案研究》，载《社会学研究》，2007(5)。

㊸　张小军：《复合产权：一个实质论和资本体系的视角——山西介休洪山泉的历史水权个案研究》，载《社会学研究》，2007(5)。

㊹　胡鸿：《能夏则大与渐慕华风：政治体视角下的华夏与华夏化》，165~166、200~201页，北京，北京师范大学出版社，2017。

㊺　[日]仁井田陞：《中国法制史研究：奴隶农奴法·家族村落法》，679页，东京，东京大学出版社，1962。

㊻　参见[日]山本真：《对山林资源的传统式共同管理以及近代以来国家的控制与开发》，见杜正贞、[日]佐藤仁史主编：《山林、山民与山村：中国东南山区的历史研究》，218~219页，杭州，浙江大学出版社，2020。

㊼　张小也：《明清时期区域社会中的民事法秩序——以湖北汉川汈汊黄氏的〈湖案〉为中心》，载《中国社会科学》，2005(6)。梁洪生：《捕捞权的争夺："私业"、"官河"与"习惯"——对鄱阳湖区渔民历史文书的解读》，载《清华大学学报(哲学社会科学版)》，2008(5)。徐斌：《明清两湖水域产权形态的变迁》，载《中国经济史研究》，2017(2)。刘诗古：《清代内陆水域渔业捕捞秩序的建立及其演变：以江西鄱阳湖区为中心》，载《近代史研究》，2018(3)。

㊽　杨培娜：《明代中后期渔课征纳制度变革与闽粤海界圈占》，载《学术研究》，2012(9)。

㊾　[日]菅丰著，郭海红译：《河川的归属：人与环境的民俗学》，73页，上海，中西书局，2020。

㊿　(明)释广宾：《杭州上天竺讲寺志》卷十《器界庄严品·版籍》，15页上~下，杭州，西泠印社出版社，2015。

51　(明)释广宾：《杭州上天竺讲寺志》卷十《器界庄严品·免帖(嘉靖三十五年六月初一日)》，19页下，杭州，西泠印社出版社，2015。

52　(清)释际祥：《净慈寺志》卷七《寺产二》，168页，杭州，杭州出版社，2006。

53　周庆云辑：《灵峰志》卷四上，132页，杭州，杭州出版社，2007。

(54) 浙江师范大学契约博物馆藏。

(55) 张荣强：《〈前秦建元二十年籍〉与汉唐间籍帐制度的变化》，见《汉唐籍帐制度研究》，222～266 页，北京，商务印书馆，2010。

(56) 王晓欣、郑旭东、魏亦乐编著：《元代湖州路户籍文书：元公文纸印本〈增修互注礼部韵略〉纸背公文资料(三)》，664 页，北京，中华书局，2021。

(57) 转引自栾成显：《明代黄册研究》，59 页，北京，中国社会科学出版社，2018。

(58) 转引自孙继民等：《新发现古籍纸背明代黄册文献复原与研究》，90 页，北京，中国社会科学出版社，2021。

(59) 关于棚民历史研究的综述，参见郑锐达：《移民、户籍与宗族：清代至民国期间江西袁州府地区研究》，10～14 页，北京，生活·读书·新知三联书店，2009。郑锐达、梁洪生在对赣西的研究中，通过考察“怀远文献”、户籍册、族谱等文献，使棚民在当地社会中的历史面貌开始清晰而具体起来，“棚民”身份的转化和标签化问题受到学者关注。

(60) 谢宏维：《生态环境的恶化与乡村社会控制——以清代徽州的棚民活动为中心》，载《中国农史》，2003(2)；卞利：《清代中期棚民对徽州山区生态环境和社会秩序的影响》，载《中国生物学史暨农学史学术讨论会论文集》，2003。

(61) 梁诸英：《契约与民生：清代徽州棚民长期存在之反思》，载《安徽史学》，2009(3)。

(62) 《嘉庆二十年二月二十三日浙江巡抚颜检为遵旨酌议稽查棚民章程事奏折》。中国第一历史档案馆：《嘉庆朝安徽浙江棚民史料》，载《历史档案》，1993(1)。

(63) 郑振满：《明清时期的林业经济与山区社会——福建永泰契约文书研究》，载《学术月刊》，2020(2)。

(64) 李哲：《中国传统社会坟山的法律考察——以清代为中心》，75 页，北京，中国政法大学出版社，2017。

㉟ 汪洋:《明清时期地权秩序的构造及其启示》,载《法学研究》,2017(5)。

㊱ 李力:《清代民法语境中"业"的表达及其意义》,载《历史研究》,2005(4)。

㊲ [日]寺田浩明:《权利与冤抑——清代听讼和民众的民事法秩序》,见[日]滋贺秀三等著,王亚新、梁治平编,王亚新、范愉、陈少峰译:《明清时期的民事审判与民间契约》,191~265页,北京,法律出版社,1998。

㊳ 彭凯翔:《清代司法实践中的产权制度:若干评议》,载《经济资料译丛》,2016(3)。

㊴ [英]爱德华·汤普森著,沈汉、王加丰译:《共有的习惯》第三章"习惯、法律和共有的权利",100~195页,上海,上海人民出版社,2002。

㊵ Eleanor Leacock, The Montagnais "Hunting Territory" and the Fur Trade, American Anthropologist, Vol. 56, No. 5, Part 2, Memoir No. 78, October, 1954, 59pp. Harold Hickerson, "Reviewed Work: The Montagnais 'Hunting Territory' and the Fur Trade by Eleanor Leacock," Ethnohistory, Vol. 2, No. 1 (Winter, 1955), pp. 88-91.

㊶ [日]菅丰著,郭海红译:《河川的归属:人与环境的民俗学》,37~44页,上海,中西书局,2020。

㊷ 张小也:《明清时期区域社会中的民事法秩序——以湖北汉川汈汊黄氏的〈湖案〉为中心》,载《中国社会科学》,2005(6)。

㊸ 参见徐晓光等:《苗族习惯法研究》,香港,华夏文化艺术出版社,2000。

㊹ 刘诗古:《清代内陆水域渔业捕捞秩序的建立及其演变:以江西鄱阳湖区为中心》,载《近代史研究》,2018(3)。

㊺ (清)倪望重:《诸暨谕民纪要》卷二《姚继孝等控石士章等串卖盗葬由》,见杨一凡、徐立志主编:《历代判例判牍》第10册,361~362页,北京,中国社会科学出版社,2005。

㊻ 《乾隆六十年刘蓝福立卖契》(松阳象溪靖居坑里村陈姓契约),浙

江省档案馆藏。

⑦ 顾元：《论唐代无主物法律制度》，载《中国法学》，2020(10)。

⑧ 王小丹：《清末民国矿业权变迁研究》，30～61 页，博士学位论文，中南财经政法大学，2018。

⑦ 曾伟：《晚清民国萍乡煤矿产业契约与矿山产权交易》，载《中国社会历史评论》，2019(2)。

⑧ 傅衣凌、陈支平辑述：《明清福建社会经济史杂抄(续二)》，载《中国社会经济史研究》，1986(3)。

⑧ 张传玺主编：《中国历代契约粹编》，938～941 页，北京，北京大学出版社，2014。

⑧ 《龙泉民国法院民刑档案卷(1912—1949)》，浙江省龙泉市档案馆藏，卷宗号 M003-01-10898，7 页。

⑧ 张应强：《木材之流动：清代清水江下游地区的市场、权力与社会》，204 页，北京，生活·读书·新知三联书店，2006。

⑧ 同上书，219 页。

⑧ 彭凯翔：《清代司法实践中的产权制度：若干评议》，载《经济资料译丛》，2016(3)。

后记:
山里人的故事

一天晚上接到林先生的电话。

"你最近工作很忙吧?"每次他好像都是这样的开场白，"上次你们来，看过的那半块石碑，埋在桥下的……他们把它挖起来，立好了。"

"那太好了啊，我们下次一起去看。"我回答说。

"哎、哎……"林先生的声音很含糊。

"您身体还好吧?"

"好，身体好。"

"您多保重。"

"好。"

村里的老人不会煲电话粥，一句话把事情说完，就不知道该怎么继续聊下去了。我也一样，好像只有面对面，坐在一张桌子上，才能安心地说话。

林先生是我们在建德农村的一位访谈对象。2014年的暑假，我和佐藤仁史教授一行人下乡做口述调查，第一次见到他。佐藤教授的研究小组在这里的工作已经进行了六年，从富春江的水面，一直追踪到江两边的山里。我是在他们转做山区的时候才加入的。

在前一年的考察中，他们结识了林先生。他的村庄几乎在一条乡村公路的尽头。林先生是1938年生人，从1953年开始在互助组记账，后来是生产队的会计。我们在乡下做考察的经验之一就是找会计。他们的记忆常常清楚过很多村队的支书、主任。在给城里的学者或官员做口述时，他们的记忆似乎也很清晰，甚至在细节上都很准确。但听得出来，这些所谓口述的"记忆"在他们心头口上，甚至笔下纸间，都已经反复咀嚼、回味过很多年，很多遍。不论我怎么问，听到的都是一个个经过细心打磨的人生故事。

老乡们在闲时当然也会回忆过往，但他们的口述仍然有些不一样。在我们的聊天中，常常有类似这样的话语："这件事，我想一下，是哪一年呢？我记得那年我大女儿刚刚出生，她今年是 49 岁。……那大概就是 1968 年吧。"能够感受到他们的记忆被慢慢唤醒的过程，这让我觉得踏实和感动。三年来，我们和林先生就是用这样的方式，一步步回到他的 50 年前、60 年前、70 年前……

"（父亲）林茂森。50 多岁就去世了，现在要是在的话要 118 岁了。他是属猴的。……当时他们是从遂昌挑了两个小箩筐到西坞，帮人打工生存。我父亲当时劳动很勤快，所以人家帮他介绍了姑娘，之后他们就结婚了。

"（母亲）叶巧珠，她 98 岁了。"①

当地的人在回忆已经故去的亲人时，很自然地会说他（她）今年几岁了，就好像他们还一直生活着一样。林先生的父亲是外乡来的种山人，到了西坞这个山脚下也是以帮人种山为生。一个从外面来的种山人，开始只能在山边搭一个草寮生活，所用的杉木、树皮、松枝都还要仰赖山主的恩德，而且是借用的性质，不属于种山人所有。一口灶、一只锅也都在种山契约上写得清清楚楚的。林先生就出生在这样的寮棚里。一家人过得很是贫苦。林先生的哥哥、弟弟和一个妹妹都没有养大，最后只剩下他和小妹妹两个。但即便是这样，他8岁的时候还是上了学。

"8周岁开始上私塾。那时读《三字经》、《百家姓》、《神农诗》（林先生口述如此）、《千字文》。读了一年之后就直接读小学二年级，读了三年级之后跳级读高小一年级、二年级。后来因为家里困难就没有读初中了。"

　　林先生的小学教育有三年在 1949 年以前，有两年在新中国成立后。他说，开始时新学校和旧私塾的教育其实也差不多。辍学回家之后，很快就赶上了 1953 年办互助组，林先生就担任记账员。他说，这是"因为我有文化"。这句话，今天林先生说起来，仍然很自豪。前后五年的教育，让林先生在这个山村里成了一个文化人，他不仅记账，而且还会在自家堂屋的壁板上写毛笔字，写毛主席语录，字写得很高，他指给我们看，当年是要架着梯子才能写上去的。

　　在我们的访问中，遇到和林先生差不多年纪的人，他们回头去看自己 70 年、80 年的人生，都会清清楚楚地摘出那些人生中的转折点，特别说给我们听。林先生觉得自己曾经最有可能跳出这个山坳但又不幸错失的机遇，发生在 1959—1960 年。

1959 年浙江省林业厅在建德县办初级林业技术学校。林先生听说林校招生，就和附近的两个同学一起去梅城报名。学校是半工半学的，校址也迁了几次。林先生说，自己是 1959 年 9 月入学，1960 年 11 月"下放"的。"下放"这个词，很奇怪地在我 20 世纪 80 年代初的童年记忆中有一席之地。我那时不能理解这个词的意思，因此大人言语间那种无奈和遗憾的神情就更加牢固地留在了脑海里，后来就很少听见了。今天去查历史书，对"下放"这个词的解释，是指 20 世纪 50 年代末党中央要求干部和知识分子下放到农村和基层，进行锻炼和改造。林先生愤愤不平的是，他们当时作为学生怎么也成了被下放的对象？

　　因为"下放"，在林校读了一年书之后，林先生只能又回到了农村。这一年的林校学习，没有改变林先生的命运，也没有改变他们传统的种山技艺。林先生和他的同学们说起林校都很激动，那一年有很多的回忆：同学的情谊，老师的风采，劳作的辛苦……他们也还记得在林校学习造林学、土壤学、森林学，等等。但这些新知识回到山里用上了吗？他们会异口同声、斩钉截铁地说："没有用，没有用。还是用老方法。"

"学校里面教整地，播种秧苗，盖黄泥。看苗情，施肥。我们这里的山苗没有苗木的，都是扦插的。都是把老树上的两尺多高的新芽砍下来做扦插。扦插的时候是一尺五。那个新芽长得很快的，我们一般都是在泥土里面埋七寸，上面留八寸……"

林先生说起种山来，驾轻就熟，漫不经心——"这有什么好说的？""好说的"，是那本来寄望可以借以走出山村，却不得不回转来的林校一年；是一辈子萦绕于心的遗憾，而不是后来数十年的日常。

图 10　建德西坞村林先生和他的茶山(摄于 2014 年夏)

* * * * * * * * * * * * *

　　林先生的村庄叫西坞，林先生的父亲是外来人，他的母亲姓叶，他的太太姓方。

　　"她们一直住在这里，太平天国的时候他们就在西坞这边了。我们西坞本地最早只有叶姓和方姓两姓的人家。其他都是后来从外面过来的。"

　　今天的建德市，在明清的时候属于严州府，往前宋代属于睦州，再往前，早在孙吴的时候就已经设县了。但是，在我们考察时已经快 80 岁的林先生能够追溯的历史，最早也只是太平天国。其实，"太平天国"之于他也只是传说。我们本应该接着问一句"太平天国是什么?"，可惜当时没有问，是一个遗憾。

　　太平天国之前，这里就有村庄了。林先生口中本地最早的方姓，是西坞村唯一留有族谱的人家。这部族谱记载，元代至元庚辰（1340），一位名叫方清臣的商人经商来到建德，这一年他38岁，在西坞定居下来。他的后代在这片大山底下世代相守。转眼间，族谱的记载就跳到了清嘉庆二十三年（1818），一个本地的秀才受托为西坞方氏撰写谱序。他说，这户方姓人家"历经数百年烟火不甚稠密，能人达士亦少，概要惟族尚敦庞，恪守勤俭而已。间有泰浩、泰然二子，胞兄弟也，幼尝从读于余。厥考兆公，亦曾从读余先大父。虽俱免目不识丁之诮，而于圣贤书旨终未彻焉"。秀才对学生的学业并不满意，但方姓兄弟出去跟着秀才读书，最大的成果大概就是他们在清中期修起了族谱。这部族谱的威力，即便到了21世纪，我们这些偶然走进村庄的外人，还能真真切切地看到。

2015年春节前的几天，我们去林先生家拜早年。吃完午饭后，就到村子里转一转，一转就转到了方先生家。他家开了一席家宴，热热闹闹的，宾主都正是酒酣耳热的时节，在冬日午后的暖阳中，谈兴就特别好。贵客陈先生是方先生的准亲家。对的，这是一席定亲的酒。陈先生拉着我们先开口：

"我原来也是这个村的，后来搬出去了。因为他们欺负我。

"山上的树，他们不分给我们。"

陈先生指着他的准亲家方先生说。这是醉话，但这个突如其来的转折，让我们大吃一惊。

"为什么不分给你们呢？"

"因为我们没有族谱。他们有族谱。"

陈先生好像突然就泄了气。他当时大约 50 多岁的年纪。他说这是他小时候的事情，也就是说，这段往事最早也是发生在 20 世纪 60—70 年代。

这时候，一直坐在一边默默抽烟的方先生说话了。我以为他要辩白两句，但他只是吐口烟，气定神闲地说：

"是啊，他们没有谱嘛。"

尽管在有关宗族的各种研究中，我们已经熟悉了"来自祖先的权利"等说法，但所有这些学术文字和分析，都不如那天方先生带着坦然和骄傲的神情，悠悠说出的这句话。

那个下午的闲聊，以陈先生的忆苦和控诉开场，这让我们颇有些焦虑，生怕会因此坏了一门亲事。当然，并没有。被迫离开西坞这几十年，陈先生的生意做得很成功。

"后来我们就搬到别的村去住，做了九姓渔户。我姓陈，九姓渔户，你们知道吧？"

我们知道明清时代的"九姓渔户"。但陈先生这个在20世纪六七十年代去做"九姓渔户"的故事，我们是第一次听说。他说搬去了一个"九姓渔户"的村庄，那么这就是水上人已经上岸之后的事了。"九姓渔户"大概早就变成了他们记忆里的故事，而现在则是"农家乐"和乡村旅游的招牌。陈先生一再地欢迎我们去他"九姓渔户"的村庄玩。"比这里好玩多了。"他说。

被有族谱的人从山边赶去到水边的陈先生，他自己儿时的记忆、父祖辈的诉说、"九姓渔户"的历史，以及在陆地上的村庄里重新构造出来的"九姓渔户"的新生活，这些东西层层叠加在他的脑海中，借着一点黄酒的微醺，娓娓道来。

他的准亲家方先生酒喝得少，话也少一些。方家的故事，都编在了族谱里。三百年前，方先生的祖先做着本地的山主。山中的树成了材，砍下来，等春天涨水的时候，就沿着溪水放排到大涯镇上，再到富春江，一路运到杭州去卖。卖木头有了一点钱，就送儿孙去秀才先生那里学《三字经》，念《论语》。虽然功名没有考上，但这些儿孙知道了要修族谱。

族谱修得很勤，嘉庆年间修一次，道光二十四年（1844）年修一次，光绪七年（1881）年又修一次。其间经历了太平天国运动，整个严州府都受到了影响。知府戴槃在乱后发布了一系列的告示，招揽周边山上的棚民下山开垦无主的荒地。族谱上说，方先生的祖先很顽强，在乱后回到西坞，重振家业。

陆陆续续地，村子里开始有来自各地不同的人。这些人很多来自处州的山区，一开始是单个人或两个人来，他们没有族谱，只能向方姓租种荒山，种玉米、种桐子、养杉木，搭一个寮棚在山上或村边住。他们，就是林先生和陈先生的父祖。

* * * * * * * * * * * *

20世纪80年代，我在一个小三线兵工厂里度过了童年。那里的山区，就是林先生的父亲出走去往建德的起点。

工厂的整个宿舍区都建在山前的坡地上，屋后是一层层的青山。奶奶时常上山扒松针，拾柴火。记得有一次，奶奶从山上下来，她说遇到另一个也去拾柴火的老太太，她们俩就暗自较劲，"她动作不如我快，比不过我"。那时候奶奶差不多有70岁了，如今距她去世也过去了15年，我一直记得她说这话时天真又得意的神情。我们小孩子到山上春天摘映山红，秋天打栗子，也似乎从来没有人出来阻止。在我依山而居的儿时记忆里，山，似乎是没有主人的。

但这些记忆大概也经过了"美化"，只是以山为游乐场的野孩子一厢情愿的念想。现在，我知道了那么多关于山场的故事。林先生、方先生、陈先生以及他们的祖先，在山中迁徙、定居，靠山吃山，发明、利用了各种制度和习俗，以便能在激烈的竞争中站稳脚跟。这些故事在东南山区反复上演，就像本书的引言中那个民国年间的案子一样。当然，如果我们试图从历史的角度去理解他们面临的问题和采取的行动，仅仅是讲故事可能就远远不够了。

我们要明白人们开始占用山场的源起，追溯与山场资源争夺有关的经济关系和社会关系，影响他们构建山场权利秩序的各种制度设计（包括制度本身以及人们对制度的解读和利用），人们将"山"变成产业并对权利作出宣示的办法，等等。最终，本书所涉的只是其中一个很小很小的方面，那就是关于山"界"的历史。"界（址）"是人们对山（及其中某些部分）的命名。命名赋予了山在自然之外的属性，命名本身就是一种权利的宣示。明清以后，志书、契约、鱼鳞图册、族谱、诉讼案卷……史料中留下无数山名、界名，以及围绕着界址所展开的竞争和确权事例，它们是人与自然之间的故事，更是人与人之间的历史。

当我写完了这本小书，从这些史料中收回眼光，望向远处的重重青山时，忽然就想起了在《永恒的终结》的尾声，阿西莫夫让主人公诺伊说出的那句话：当人类走入群星时，听到的是"这里已经占领了，这里已经占领了！不准进入，不准进入！将对方赶走，将对方赶走！"。

2022 年 9 月 21 日

注 释

① 2013 年 8 月 15 日访谈。

图书在版编目(CIP)数据

以山为业：东南山场的界址争讼与确权/杜正贞著. —北京：北京师范大学出版社，2023.6
（历史人类学小丛书）
ISBN 978-7-303-28158-9

Ⅰ.①以… Ⅱ.①杜… Ⅲ.①林区－所有权－经济纠纷－案例－中国 Ⅳ.①D922.635

中国版本图书馆 CIP 数据核字(2022)第 172965 号

营 销 中 心 电 话　010-58805385
北京师范大学出版社
新 史 学 策 划 部

YISHAN WEIYE

出版发行：北京师范大学出版社　www.bnup.com
　　　　　北京市西城区新街口外大街 12-3 号
　　　　　邮政编码：100088
印　　刷：北京盛通印刷股份有限公司
经　　销：全国新华书店
开　　本：890 mm×1240 mm　1/32
印　　张：11.5
字　　数：150 千字
版　　次：2023 年 6 月第 1 版
印　　次：2023 年 6 月第 1 次印刷
定　　价：59.00 元

策划编辑：李雪洁　宋旭景　　责任编辑：李雪洁　岳　蕾
美术编辑：王齐云　　　　　　　装帧设计：王齐云
责任校对：陈　民　　　　　　　责任印制：陈　涛　赵　龙